E unt
5,-

W0177914

Wir leben in der Epoche der postindustriellen Informationsgesellschaft, die durch eine Nivellierung der Distanzen und
Wertunterschiede gekennzeichnet ist. Dazu gehört auch die
Verwischung der Grenzen zwischen privater und öffentlicher
Sphäre. Das Rampenlicht der Medienöffentlichkeit bestimmt
zunehmend unser emotionales und soziales Sein. Und es
gebiert ein Phänomen, das der Schweizer Psychiater Mario
Gmür als Medienopfersyndrom beschreibt. In seiner therapeutischen Praxis hat er sich auf die Behandlung von Menschen spezialisiert, die freiwillig oder unfreiwillig in die Medienfalle geraten sind. Dies liefert ihm die Perspektive, die
sich von den Opfern auch auf die »Täter«, die Öffentlichkeit,
weitet: Welche psychischen Faktoren sind am Zeigen und am
Zuschauen beteiligt, was bedingt diesen Exhibitionismus und
Voyeurismus? Veranschaulicht wird Gmürs profunde Analyse durch eine Reihe von Fallbeispielen.

Dr. Mario Gmür, geboren 1945, praktiziert als Psychiater,
Psychotherapeut und Psychoanalytiker in freier Praxis in
Zürich und ist Dozent an der Universität Zürich. Er veröffentlichte zahlreiche Arbeiten über Schizophrenie, Drogen-
sucht, Spielsucht und das Medienopfersyndrom.

Mario Gmür

Der öffentliche Mensch

Medienstars und Medienopfer

Deutscher Taschenbuch Verlag

Originalausgabe
Februar 2002
© Deutscher Taschenbuch Verlag GmbH & Co. KG, München
www.dtv.de
Das Werk ist urheberrechtlich geschützt.
Sämtliche, auch auszugsweise Verwertungen bleiben vorbehalten.
Umschlagkonzept: Balk & Brumshagen
Umschlagfoto: © gettyone Bavaria/VCL
Satz: Offizin Wissenbach, Höchberg bei Würzburg
Gesetzt aus der Times Ten
Druck und Bindung: Druckerei C. H. Beck, Nördlingen
Gedruckt auf säurefreiem, chlorfrei gebleichtem Papier
Printed in Germany · ISBN 3-423-36260-X

Inhalt

1.
Die Fortschritte der Medientechnik und die Veränderungen der Informationswege

Das 19. Jahrhundert erlebte eine rasante Entwicklung der Technik. Es war die Epoche der Ingenieurskunst. Edison erfand die Glühbirne und den Phonographen, Siemens die elektrische Lokomotive, Linde die Kältemaschine, Otto den Benzinmotor und Bell das Telefon.

Ein Kupferdraht, einst ein harmloses Metallstück, erlangte ungeahnte Bedeutung, als es der amerikanische Erfinder Alexander Graham Bell (1847–1922) im Jahre 1876 mit elektrischer Spannung versah und an seinen Enden Spulen, Magnete und Membrane anbrachte. Aus Schall wurde Strom und aus Strom wieder Schall. Geräusche waren plötzlich grenzenlos – das Telefon war erfunden.

Der Industrialisierungsprozeß, der in Kontinentaleuropa zu Beginn des 19. Jahrhunderts einsetzte, konfrontierte die damaligen Menschen mit völlig neuen Beschleunigungserfahrungen. Wir können uns heute gar nicht mehr vorstellen, wie abgrundtief Reisende damals irritiert waren, als sie zum erstenmal in einer Eisenbahn mit 30, 40, ja 50 Kilometern pro Stunde durch die Landschaft brausten und in diesem Taumel der Sinne den Vordergrund, die ganze Flora und Fauna am Rande des Schienenweges, aus den Augen verloren. Die zunehmende Geschwindigkeit veränderte nicht nur die Wahrnehmung der näheren Umwelt. Mit der Verkürzung der Zeit, die es brauchte, um eine Distanz zu überwinden, schien auch der Raum insgesamt zu schrumpfen.

Der Geschwindigkeitstheoretiker Paul Virilio (1989)[1] deutet die ganze Menschheitsgeschichte als Beschleunigungsprozeß. Der Soziologe Peter Groß erkennt in dieser Akzelerationsmanie den Ausdruck eines »tief in die modernen Gesellschaften eingemeißelten und ins Herz des modernen Menschen implantierten Willens zur Steigerung, zum Vorwärts, zum Mehr«.[2] Heinrich Heine verknüpfte die Erscheinung der neuesten »Bewegungsmacht« Eisenbahn mit drei historischen Ereignissen: der Erfindung des Pulvers zwischen 1320 und 1330, der Entdeckung Amerikas 1492 und der Erfindung des Buchdrucks um 1448. 1843 gab Heine beim Anblick einer mit 30 bis 40 Kilometer pro Stunde vorbeirasenden Eisenbahn seinem Staunen und Unbehagen mit den Worten Ausdruck: »Welche Veränderungen müssen jetzt eintreten in unserer Anschauungsweise und in unseren Vorstellungen, sogar die Elementarbegriffe von Zeit und Raum sind schwankend geworden. Durch die Eisenbahn wird der Raum getötet, und es bleibt uns nur noch die Zeit übrig.«[3]

Die Gründerjahre, das letzte Drittel des 19. Jahrhunderts, brachten einen enormen Aufschwung des Verkehrswesens, die gewaltige Zunahme des Eisenbahn-, des Telegrafen- und Fernsprechnetzes, die Ausbreitung des elektrischen Lichts in den 80er und 90er Jahren, die Neuerungen im Zeitungsdruck mit der Rotationspresse und der Möglichkeit, Fotos im Druckverfahren zu reproduzieren. Dies führte zu einer bis damals ungeahnten Kommunikationsdichte.

Ebenfalls gegen Ende des 19. Jahrhunderts wurde die *Zeitung* zum Massenkommunikationsmittel: für jedermann verfügbar, billig, täglich erhältlich, rasch und weltweit informierend.[4] Sie ersetzte das Lauffeuer der Informations- und Gerüchteverbreitung. Wenige Jahrzehnte später erfuhr dieser schriftliche Massenartikel eine akustische Ergänzung durch das *Radio*, das einige Jahre nach dem Ersten Weltkrieg in verschiedenen Ländern regelmäßig sendete. Mit *Tonfilm* und *Fernsehen* wurden dann auch noch die optischen Anteile mündlicher Kommunikation vermittelbar.[5] Nach dem Zweiten Weltkrieg begann der eigentliche Siegeszug des Fernsehens, das etwa seit Ende der 50er Jahre zum obligaten Bestandteil jedes Haushalts wurde. Heute verbringt der Mitteleuropäer durchschnittlich über zweieinhalb Stunden, mit einer Spannbreite von etwa einer halben bis über sechseinhalb Stunden, vor dem Fernseher.

Die Entwicklung, die sich anbahnte und bis in die heutige Zeit fortsetzte, ging in zwei entgegengesetzte Richtungen: nach innen und nach außen. *Verdichtung* und *Expansion* sind die beiden Vorgänge, welche den Fortschritt prägten.[6] Die Wege und Zwischenräume zwischen verschiedenen Sphären wurden durch die Beschleunigungskraft verkürzt und ferne, transhorizontale Räume in den Gesichtskreis einbezogen. Weltweit nahm und nimmt die Vernetzung zu. Das globale Dorf ist die neue Heimat geworden. Fernsehen, Internet und das mobile Telefon machen uns zu Weltbürgern.[7] Beschleunigung bedeutet auch Multiplikation statt mühsamer Addition und ist die Basis der Massenkommunikation.

2.
Der Wandel der Wahrnehmung

Die Anschauungsweise und das Lebensgefühl waren bis zum Auftreten der neuen technischen Errungenschaften geprägt von den Geschwindigkeitsverhältnissen »langsamer« Gesellschaften, die noch durch antike Vehikel wie Pferd, Wagen und Segelschiff bestimmt waren. Die Beschleunigung des Bewegungstempos von Gütern, Informationen und Menschen erzeugte diffuse Gefühle der Verunsicherung und Desorientierung. McLuhan (1964) interpretiert die technischen Instrumente der Kommunikation als einen verlängerten Ausläufer des Nervensystems. Mit der ersten Telegrafenleitung in Amerika 1844 habe der Mensch die »Veräußerlichung seines Zentralnervensystems« eingeleitet, die nun mit der Funkübertragung mittels Satelliten einer Ausweitung des Bewußtseins entgegengehe.[1]

Dem technischen Konzept der neuen Apparate wie Dampfschiff, Eisenbahn, elektrischer Telegraf, Kamera lagen bereits bestimmte Leitideen eines veränderten Bezugs zur Wirklichkeit zugrunde[2]: 1. das Prinzip der Geschwindigkeit, der beschleunigten Bewegung, des beschleunigten Zugriffs; 2. das Prinzip der Verbindung, der Vernetzung: des Zusammenhanges; 3. das Prinzip des Zergliederns, des Fragmentierens und Zusammensetzens: der Montage; 4. das Prinzip der Nähe; 5. das Prinzip der Visualisierung.

Die neuentwickelten Apparate haben der Herstellung von

Nähe gedient, an welcher heute globale Systeme beteiligt sind.

Wir nehmen heute tagtäglich über Fernsehprogramme an Ritualen der Nähe teil. Aus nächster Nähe betrachten wir den Körper des charismatischen Idols und haben an dessen Glück teil. Doch die Elementarbegriffe von Raum und Zeit, die für Heinrich Heine schon durch die neuen Eisenbahnen ins Schwanken kamen, verlieren auf dramatische Weise ihre Unterscheidungs- und Orientierungsfunktionen. Alles wird uns gleich *nah* und gleich*zeitig*. Wir sehen am Bildschirm das Weiße Haus in Washington ebenso deutlich wie den Reichstag in Berlin, und wir können gleichzeitig, indem wir hin und her zappen, eine Rede des ehemaligen Bundeskanzlers Adenauer und des amtierenden Bundeskanzlers verfolgen. Einen Weltrekord bei einer Olympiade in einem fernen Kontinent können wir echtzeitlich am Bildschirm billiger und mit besserer Sehschärfe miterleben, als wenn wir zum Ort des Ereignisses gereist wären.

Meyrowitz (1987)[3] spricht von der aufgehobenen traditionellen Verknüpfung zwischen physischem Ort und sozialer Situation. An diese Verknüpfung war bislang jede Beglaubigung von Realität und Augenzeugenschaft gebunden. Das Echtzeit-Bild simuliert räumliche Nähe bei realer Ferne.[4] Großklaus (1995) zeigte auch auf, daß das Wahrnehmungskonzept von innen und außen durch diese neue Medienrealität durcheinandergerät. Die Unterscheidung zwischen *Eigenraum* und *Fremdraum* wird schwammig oder gar aufgehoben. Polaritäten von gegensätzlichen, etwa positiven und negativen Begriffen wie innen und außen, zentral und peripher, Mitte und Rand, oben und unten etc., werden verwischt.

Wer sucht wen auf? Ist der Fernseh-Entertainer Gottschalk zu Gast in der Stube des Durchschnittsbürgers oder der Durchschnittsbürger Gast in der Sendung von Gottschalk?

Nahraum und Fernraum und die damit verbundenen Gefühle von Vertrautheit und Fremdheit durchmischen sich. Die Seitenflüsse des Amazonas sind uns ebenso vertraut wie die Landschaft unserer Umgebung. Eine Reisefotografie von den Niagara Falls oder von Ayers Rock flößt uns heute keinen besonderen Respekt mehr ein.

Dieses Zusammenrücken von Nah und Fern führt zu einer Entmystifikation des Fremden und des Eigenen. Der Distanzverlust nimmt dem Fremden den letzten auratischen Schein, wie er dem Fernen, dem Enthobenen, dem Unerreichbaren und vor allem dem Einzigartigen anhaftet. Die Körper-Nahbilder des Fernsehens verringern die Distanzen zwischen Publikum und Idol, zwischen dem Bürger und dem Würdenträger und entweihen die ehemals charismatischen Respektspersonen. Ferne »heiligt«, Nähe »entheiligt«. Wir leben heute also in einer *nahen* und in einer *schnellen* Gesellschaft. Heute werden Raum *und* Zeit getötet, jede raumzeitliche Distanz wird getilgt.

Die Teilhabe an der großen weiten, nahen Welt kann nicht darüber hinwegtäuschen, daß der Teilnehmer an dieser Geschwindigkeitswelt um Qualitäten der Ruhe und der Langsamkeit gebracht wird. Seine Verstandes- und Gefühlsleistungen sind vom rasenden Fluß der Dinge überfordert. Sie sind dem Diktat der Geschwindigkeit und der Flüchtigkeit unterworfen. Das Allegro hat das Andante verdrängt. Die technischen Geschwindigkeitsproduzenten haben einen markanten Souveränitätsverlust des Individuums bewirkt.

Roland Barthes (1980) bemängelt diesen Autonomieverlust in seiner Gegenüberstellung von Bild und Film: »Füge ich auch dem Bild des Films etwas hinzu? Ich glaube nicht, dafür bleibt mir keine Zeit: Vor der Leinwand kann ich mir nicht die Freiheit nehmen, die Augen zu schließen, weil ich sonst, wenn ich sie wieder öffnete, nicht mehr dasselbe Bild vorfände; ich bin zu ständiger Gefräßigkeit gezwungen; eine Menge anderer Eigenschaften sind im Spiel, doch nicht Nachdenklichkeit; daher mein Interesse für das Photogramm.«[5]

Das Übermaß an Informationen und die Geschwindigkeit, mit der die in den Massenmedien übertragenen Ereignisse einander abwechseln, machen jede dauerhafte und nachhaltige Gefühlsbeteiligung unmöglich. Lipovetsky (1983)[6] charakterisierte diese Mischung von oberflächlicher Sensibilisierung für die Welt und tiefer Gleichgültigkeit dieser gegenüber als eine neue Form der Teilnahmslosigkeit, die einem Narzißmus entspreche, der die tragische Tiefendimension außer Kraft setze.

Diese Flüchtigkeit der Wahrnehmung begünstigt auch eine autistisch-voreingenommene Rezeption. Das Verständnis der realen Verhältnisse wird durch die Kürzung von Nachrichten und durch die Vieldeutigkeit der Formulierungen erschwert. Die Mitteilungen werden daher im Sinne unserer Denkgewohnheiten abgerundet, ergänzt und zurechtgebogen, aus dem Bedürfnis nach Kontinuität und Vervollständigung. Sie werden in ein vorbestehendes Gefüge von Kenntnissen, Begriffen und Verständnissen integriert und, wenn sie nicht genehm sind, oftmals gerade so behandelt wie ein neues, geschenkt erhaltenes Möbelstück, das man in seiner Wohnung dorthin stellt, wo es am wenigsten stört.

Der Medientheoretiker Marshall McLuhan hat in den beginnenden 60er Jahren in seinen Büchern *Die Gutenberg-Galaxis* (1962)[7] und *Understanding Media* folgende Kernthesen aufgestellt: Die westliche Gesellschaft ist nachhaltig vom Medium der phonetischen Schrift und insbesondere des Buchdrucks geprägt worden. Seit Mitte des 20. Jahrhunderts ist sie aber in einem Wandel begriffen, bei dem die Schrift ihre Leitfunktion an die neuen elektronischen Medien abgibt. Dieser Wandel habe tiefgreifende Konsequenzen.

Die Entwicklung der elektronischen Medien brachte nun McLuhan zufolge das »Ende des Gutenbergzeitalters«, das Ende der herkömmlichen Formen des Denkens und der gesellschaftlichen, politischen und ökonomischen Organisation. Er sah »im Zeitalter der Elektrizität« eine Wiederkehr des traditionellen, akustisch und taktil geprägten »Stammesmenschen«. Die Information wird unter den Bedingungen elektronischer Medien zum entscheidenden Faktor der Wertschöpfung. Der Mensch werde in Zukunft ganz und gar zu einem »nomadischen« Sammler von Informationen. Ebenso wie der traditionelle Mensch in seine soziale Struktur eingebettet ist und sich dieser nicht entziehen kann, ist der Mensch im Zeitalter der Elektrizität Teil eines umfassenden elektronischen Netzwerkes. Als Teil dieser globalen Struktur wird er für alle anderen erreichbar und von allen andern Menschen abhängig. Die räumlichen und zeitlichen Distanzen schrumpfen: Die Welt wird zum »globalen Dorf«.

Nach Meinung des französischen Urbanisten Paul Virilio treten wir in das Zeitalter der Weltstadt ein, wo die ganze Welt zu einer riesigen Megalopolis werde, verbunden mit den Mitteln der Telekommunikation. Fax, Telearbeit und Teleeinkaufen seien bereits die ersten Vorboten: »In fünfzig Jahren werde ich meinen Datenanzug anziehen, versehen mit Detektoren, Sensoren, mit allem, was mir erlaubt zu telekommunizieren. Ich lasse mein Visier herunter wie einst die Ritter an ihren Rüstungen, aber dieses Visier ist heute ein Bildschirm.«[8] Die Entwicklung von Cyberspace-Systemen wird weitreichende Folgen haben für die postindustrielle Gesellschaft. E-Mail und elektronische Post per Computer dehnen sich derzeit sehr schnell aus, und durch diese weltumfassende Kommunikation wird die Menschheit zu einem einzigen Kollektiv.

3.
Das isovalente Zeitalter

Die Zeit, in der wir heute leben, nenne ich das »isovalente Zeitalter«. Das griechische Wort »iso« bedeutet in deutscher Sprache »gleich«.

»Isovalent« bedeutet »gleichwertig«. Mit diesem Wort will ich jene Verhältnisse am Übergang vom eben vergangenen 20. in das aktuelle 21. Jahrhundert charakterisieren, die sich von jenen unterscheiden, wie sie etwa in der Mitte des vergangenen Jahrhunderts, in den 50er Jahren, geherrscht haben. Damals führten noch lange und steile Wege zum Ziel. Dieses zu erreichen kostete große Anstrengungen. Ein Flug nach Amerika etwa war für den normalsterblichen Europäer unerschwinglich. Dieser fuhr mehrere Wochen mit dem Schiff in das Land der unbegrenzten Möglichkeiten. Wenn er von dort zurückkehrte, wurde er mit großen Augen bestaunt und bewundert. Heute kann man dank eines Last-minute-Flugs ohne weiteres einmal ein verlängertes Wochenende in New York verbringen.

Bildung ist ebenfalls für jedermann in greifbarer Nähe. Das Internet stellt fast jede beliebige Information zur Verfügung. Es ist egal, ob jemand in unserer Nachbarschaft oder weit entfernt wohnt: Das Internet bringt alles und alle mit der gleichen Geschwindigkeit zusammmen. Ein Buch aus einer Bibliothek in einer fernen Stadt ist uns gleich schnell zugänglich wie ein solches aus der Bücherei an unserem Wohnort.

Die Verfügung über eine ganze Bibliothek setzt nicht mehr eine jahrelange Erwerbs- und Sammeltätigkeit voraus, sondern ist mit einer einzigen CD-Rom gewährleistet.

Die Isovalenz charakterisiert das Verhältnis der Menschen zu ihren erstrebten Objekten, zu ihren Zielen und auch untereinander. Es hat in unserer Welt eine Enthierarchisierung und eine Entdistanzierung stattgefunden. Das Telefon und das Flugzeug sind die paradigmatischen technischen Modelle, welche, schon im vorisovalenten Zeitalter erfunden, diese neue Beziehungsform ermöglicht haben. Das Telefon hebt die Distanz auf. Das Flugzeug ermöglicht schier grenzenlose Mobilität.

Wann beginnt ein Zeitalter, wann hört es auf? Der Übergang von einer Zeitepoche in eine andere ist selbstverständlich fließend. Lebensgewohnheiten, Sitten und Mentalitäten wandeln sich nicht plötzlich, sondern allmählich. So hat sich auch die isovalente Qualität des Lebens und des Miteinanderlebens durch die zunehmende Verbreitung der neuen technischen Kommunikationsarten langsam entwickelt, über mehrere Jahrzehnte. Diese Entwicklung war für die älteren Personen ein Prozeß der Umstellung auf das Neue, während die Jüngeren und Neuhinzugeborenen die neuen technischen Errungenschaften und die dadurch bewirkten Lebensgewohnheiten ohne Bewußtsein einer Wandlung von Anfang an übernahmen.

Auf den folgenden Seiten möchte ich einige theoretische Erläuterungen geben zur aktuellen geistig-kulturellen Verfassung unserer Gesellschaft.

Die »neue« Epoche wird als »postmodern« bezeichnet. Entsprungen ist dieser Begriff der Einsicht, daß mit dem

Fortschreiten der geschichtlichen Entwicklung auch die Moderne geschichtlich zu werden beginnt. Dadurch gerät sie in Widerspruch zu dem von ihrem Begriff nicht abtrennbaren Anspruch, das Gegenwärtige unter sich zu fassen. Es ist zudem unbefriedigend, eine neue Epoche auszurufen, wenn sich diese von der vorausgegangenen nur durch ein zeitliches Nachher absetzen läßt. Man muß zumindest angeben können, worin denn das »Epochale« eines Denkens liegt, das mit einem Begriff belegt wird.

Die Postmoderne will sich zunächst einmal gegenüber der Moderne situieren. Es handelt sich bei ihr um eine *stilistische* Epochenbezeichnung. Sie ist eine Antwort auf die im Ersten Weltkrieg aufbrechende Krise der Moderne.[1] Sie setzt sich auseinander mit den tragenden Kategorien der Moderne: der Natur, dem Subjekt, der Arbeit und dem Fortschritt. Sie ist gekennzeichnet von der Preisgabe des Subjekts und der Verwandlung der Welt in einen Raum von Möglichkeiten. Sie ist ein Ende der 50er Jahre geprägter unscharfer Begriff der Kultur- und Kunsttheorie, der eine Distanzierung zeitgenössischer Künstler von ästhetischen Verfahren der Moderne beinhaltet. Charakteristisches Element ist ein extremer Stilpluralismus, der – etwa in der Architektur – in einer Anhäufung von Formen und Elementen verschiedenster Kunstperioden kulminiert. Der Grundsatz, daß in Literatur, Film, Architektur und bildender Kunst nichts Neues mehr zu schaffen sei, führt zum spielerischen Umgang mit vorhandenem Material. Durch Bezugnahme auf Geschichte und Traditionen werden die überlieferten Verfahrensweisen zu einem neuen Ganzen collagiert. Dabei werden Grenzen zwischen Kitsch und Kunst, Massenkultur und elitärer Kunstauffassung bewußt verwischt.

Ihr pluralistisches Selbstverständnis hat der Postmoderne öfter den Vorwurf der Beliebigkeit eingebracht. Die postmoderne Philosophie distanziert sich von jeglicher Form der Fortschrittsgläubigkeit. Sie tritt für die freie Kombination bisheriger Erkenntnismodelle ein. Vor allem der französische Philosoph Jean-François Lyotard[2] begreift die explosionsartig zunehmende Informationsflut und den mit der neuen Technologie verbundenen Zugriff auf beliebiges anonymes Wissen als einen Charakterzug postmoderner Kultur. Ein weiterer Theoretiker der postmodernen Kulturauffassung, Paul Virilio,[3] konstatiert die Auflösung aller festen raumzeitlichen Kategorien im Rausch der Geschwindigkeit.

Das neue kulturelle Bewußtsein meint auch die Einsicht, daß in der fortgeschrittenen Industriegesellschaft die kulturellen und symbolischen Bereiche wichtiger werden als die technologischen, produktionsorientierten. Der kulturelle Zusatznutzen von Waren nimmt im Verhältnis zum materiellen Wert stark zu. Ein Artikel steigert seinen Wert bloß durch die Markenbezeichnung. Ein bunter Kaffeerahmdeckel ist schon bald zu einem teureren Preis im Handel als die Tasse Kaffee, dem sein Inhalt zugefügt worden war, gekostet hat.

Die postmodernen Theoretiker setzen die Aufklärung- und Moderne-Kritik Nietzsches fort. Sie erteilen jeder ideologischen Suche nach dem Wesen, der Wahrheit, dem Sein eine Absage. Sie dekonstruieren alle Begriffe, die nach Totalität, Einheit und Ganzheit streben. In der Pluralisierung der Lebensentwürfe und der Identitäten sehen sie einen Gewinn. Sie verwerfen die Idee eines autonomen, einheitlichen, mit sich selbst identischen Subjekts. Die Entthronung des Subjekts, das sich als Zentrum einer transzendentalen Vernunft versteht, ist der Ausgangspunkt für die postmoderne Auflösung, die man mit »Dekonstruktion« bezeichnet, ein Begriff, der auf den französischen Philosophen Jacques Derrida[4] zurückgeht.

Die Dekonstruktion setzt bei der Sprache und bei der Zeichenstruktur an. Sie kritisiert den abendländischen Logozentrismus. Sie wertet den Körper gegenüber dem Sinn auf und verschiebt ihr Interesse von den Sinnstrukturen eines Textes hin zu den Voraussetzungen und Rahmenbedingungen ihrer Entstehung und ihrer Zirkulation. Neben dem einheitlichen, mit sich selbst identischen Subjekt werden auch alle übergreifenden Erklärungen und Deutungen der Welt verabschiedet. Auch die autoritative Instanz des Autors eines Textes wird in Frage gestellt. Der Text wird nicht als Artikulation eines sinnkonstituierenden Subjekts verstanden, sondern als Schnittpunkt von Diskursen, als Ort einer unendlichen Vielfalt von Redeordnungen und Textbezügen, als Intertextualität. Es findet also, einfacher gesagt, eine Verlagerung von Aufmerksamkeit und Zuständigkeit vom Subjekt zum Objekt, vom Zentrum in die Peripherie statt.

Die postmodernen Theoretiker haben die Exzesse der Aufklärung und der Vernunft verantwortlich gemacht für Entartungen der menschlichen Existenz bis hin zu apokalyptischen Dimensionen wie den Holocaust und Hiroshima. Im Namen und mit Methoden der Vernunft seien Millionen von Menschen vernichtet worden. Die Vernunft habe in die Barbarei zurückgeführt.

Mir scheint es aber wichtig, darauf hinzuweisen, daß auch die postmoderne Kultur die Gefahr ethisch bedenklicher Entartungen in sich birgt. Die Schwächung oder gar Aufhebung der rationalen und organisierenden Strukturen und das Wuchern der Objekte können sich nämlich ebenfalls destruktiv auswirken. Sie können ebenfalls Opfer fordern.

Zu diesen gehört auch ein Teil von Medienopfern, die der vernunftlosen Freizügigkeit und Unbändigkeit der Texte ausgeliefert sind. Wenn in der Natur der biologische Organisator geschwächt oder ganz außer Funktion gesetzt wird, so beginnen die Zellen bekanntlich ein wucherndes Eigenleben zu führen. Sie wachsen ungebremst und ungeordnet als Krebsgeschwulst. Dieser Vorgang im sozialen und kulturellen Leben, die Dezentralisierung vom Subjekt zu den Strukturen und Strukturbestandteilen, ist meines Erachtens eine Folge der überhandnehmenden isovalenten Gleichmacherei, Entindividualisierung und Ent-ichung. Er kann ein ganzes Weltdorf in die Situation des Zauberlehrlings bringen, der die Geister, die er rief, nicht mehr loswird.

4.
Kennzeichen der isovalenten Postmoderne

Der Begriff »Postmoderne« wird von mir in einem pragmatischen Sinn verwendet, ohne Diskussion der Frage, ob diese Zeiterscheinung eine Fortsetzung des bürgerlichen Zeitalters und der Moderne ist, die im Vertrauen des linearen Fortschritts im Namen von Subjekt, Vernunft (Wissenschaft), Arbeit und Freiheit lebte, oder eine oppositionelle Reaktion darauf.

Als ich in einer Diskussionsveranstaltung einmal aufgefordert wurde, mit einem Satz »Postmoderne« zu definieren (»Aber bitte nur in einem Satz!«), antwortete ich in der Not kalauerisch mit dem Statement: »Postmoderne ist im Grunde genommen die moderne Post.« In der traditionellen Post verläuft der Weg des Pakets klar und linear in einer rekonstruierbaren Weise. Es ist und bleibt ersichtlich, wer das Paket abgeschickt hat, wo es aufgegeben wurde, welchen Weg es mit welchem Transportmittel zurückgelegt hat, an wen es adressiert und wo es schließlich eingetroffen ist. Verpackung und Inhalt sind ferner klar voneinander zu trennen.

In der Postmoderne ist die Herleitbarkeit, die historisch-genetische Dimension, nicht mehr vorhanden. Präsent sind nur noch die Resultate, nicht aber die Operationen, die zu ihnen geführt haben. Die Postmoderne ist in gewisser Weise eine Anwendungs- und nicht eine Grundlagenkultur. Sie ist, anders gesagt, eine Adoptions- und keine Zeugungskultur. Sie

lebt von Fertigprodukten ohne Erinnerung und Geschichts-
bewußtsein. Ihre Opfer sind denn auch jene, die Anspruch auf
Erinnerung hätten.

Ein Witz mag diese historische Unbedarftheit veranschaulichen. Zwei Christenkinder dreschen auf dem Spielplatz
erbarmungslos auf einen jüdischen Buben aus der Nachbarschaft ein, der von einem zufällig vorbeigehenden Polizisten
befreit wird. Auf dessen Frage nach dem Grund der wilden
Schlägerei antworten die beiden: »Die Juden haben Jesus
umgebracht.« Als der Ordnungshüter sie darauf aufmerksam
macht, daß das Ereignis nun doch schon 2000 Jahre zurück-
liege, rechtfertigen sie sich: »Aber wir haben es erst vor fünf
Minuten erfahren.«

In der Umgangssprache hat sich der Ausdruck »postmoderne Beliebigkeit« durchgesetzt, um die Gleichrangig-
keit aller Dinge zu charakterisieren. Für den gesellschaftlichen Wandel hat der Soziologe Ulrich Beck (1986/1996)[1]
den Begriff »reflexive Modernisierung« geprägt. Nach Beck
vollzieht sich die Individualisierung von Gesellschaft auf
drei Ebenen, die er »Freisetzungsdimension«, »Entzaube-
rungsdimension« und »Kontroll- bzw. Reintegrationsdimension« genannt hat[2] und die sowohl die objektiven Lebens-
lagen als auch das subjektive Bewußtsein der Individuen
betreffen.

Mit »Freisetzung« ist die Herauslösung »aus historisch
vorgegebenen Sozialformen und -bindungen im Sinne tradi-
tionaler Herrschafts- und Versorgungszusammenhänge« gemeint. Die »Entzauberung« zeigt sich im Verlust traditionel-
ler Sicherheiten in bezug auf Wissen, Glauben, leitende
Normen, Werte und Interaktionsformen. Dadurch entstehen

auf der dritten Stufe, der »Reintegrationsdimension«, neue Formen der sozialen Einbindung.

Die Lebensaussichten werden nicht mehr vor allem über den Zugang zu Kapital, Produktionsstrukturen und Bildungsstätten, sondern auch über die Benutzung der neuen Informations- und Kommunikationsstrukturen realisiert. Das Lebenskonzept wird gewissermaßen à la carte zusammengestellt. Dadurch ergibt sich eine Vielzahl von Lebensstilen und Spezialkulturen. Diese Pluralisierung führt, wie de Marinis es formulierte, zu einem »Zustand der Verwirrung gesellschaftlicher Normen, indem eine universalistische Moral den immer pluralisierteren Lebensentwürfen das Feld geräumt hat«[3].

Die »zentrale Disziplinargesellschaft« (Foucault)[4] löst sich immer mehr auf und wandelt sich zu einer dezentralen Kontrollgesellschaft, die auf dem Mechanismus der Ausschließung und *Spaltung* beruht (de Marinis)[5]. Dabei nimmt die Überwachung überhand, mit unzähligen Überwachungskameras in öffentlichen Anlagen, Warenhäusern etc. Auch in der Verbrecherjagd und Identifizierung von allen möglichen Outsidern in Lokalfernsehen und Boulevardzeitungen ist eine solche mißtrauische, paranoide Ausschließungshaltung erkennbar.

Diese Dezentralisierung aller Steuerungsvorgänge im isovalenten Zeitalter ist vergleichbar dem, was am Herzen beim Ausfallen des übergeordneten Reizleitungszentrums beobachtet werden kann: Zahlreiche untergeordnete Reizleitungszentren springen ein, um die Tätigkeit des Muskels anzutreiben und zu regeln. Der Verlust universeller Sinnvorgaben führt dazu, daß der Aufwand des Individuums größer geworden ist, sich in der pluralistischen Gesellschaft immer wieder neue Sinn-Nischen zu erobern und eine Identität zu erlangen.

Die Identitätsbildung und -stabilisierung wird zu einer stärker individuell definierten Aufgabe.[6] Die Individuen schließen sich dabei zu neuen, ad hoc gebildeten Erlebnis- und Sinngemeinschaften zusammen. Ihr Orientierungsbedarf wird dabei von neuen Instanzen in Beschlag genommen, wobei die Medien eine besondere Rolle übernehmen in der Vermittlung neuer Sinnangebote. Die Bildung neuer sozialer Gemeinschaften entspricht nicht mehr den fundamentalen ökonomischen und politischen Interessen, sondern geschieht über alltagsästhetische, oft über Medien vermittelte Inszenierungen (Bachmair 1996)[7].

Indem die herkömmlichen Einrichtungen ihre sinnvorgebende Führung immer mehr verlieren, müssen die Werte, die in der Gesellschaft zirkulieren, stärker ausgehandelt werden. Normen, Bedeutungen und Rollenmuster sind nicht mehr als Bestand der bürgerlichen Standardbiographie festgeschrieben, sondern variieren beweglich in einem dauernden Prozeß der Neubestimmung von Werten in verschiedenen gesellschaftlichen Segmenten. Medien und insbesondere Fernsehen übernehmen dabei Koordinations- und Vermittlungsfunktionen. Sie tragen dazu bei, Erfahrungs- und Unterhaltungsgemeinschaften zu bilden, die Lebensstile und Lebensidentitäten stiften.

Die Postmoderne ist gekennzeichnet durch die Dominanz des Individuellen vor dem Universellen, des Psychologischen vor dem Ideologischen, der Kommunikation vor der Politisierung, der Diversität vor der Homogenität, des Permissiven vor dem Zwangsbestimmten.[8] Durch die hedonistische Personalisierung haben die großen Leitstrukturen der Moderne – Disziplin, Laizität, Avantgarde, Revolution – ihre Bedeutung verloren. Das moderne Zeitalter war von Produktion und Revolution bestimmt, das postmoderne ist durch Information, Ausdruck und Partizipation geprägt.[9]

Nach den wirtschaftlichen und politischen Umwälzungen des 18. und 19. Jahrhunderts und nach der künstlerischen Revolution der Wende vom 19. zum 20. Jahrhundert ist eine Neugestaltung des Alltagslebens im Gang.[10] Die personalisierte Politik zeigt sich in der zunehmenden Bedeutung von Persönlichkeitswerten wie Herzlichkeit, Offenbarung intimer Geheimnisse, Nähe, Authentizität, die Partizipation in der friedlichen Koexistenz verschiedener Stile, Lockerung der Gegensätze von Tradition und Modernität, lokal und international.[11] Kunst, Mode und Werbung fließen ineinander über.[12]

Zu Nivellierung, Gleichmacherei- und Niveauverlust haben sich in der isovalenten Zeitepoche verschiedene Vertreter der geistigen Elite des kulturellen Lebens kritisch geäußert. Sie nehmen vor allem die Boulevardisierung des medialen Mainstreams ins Visier.

Für Umberto Eco (2000) liegt die Medientyrannei in der Globalisierung begründet. Er bezieht sich auf den Fall Rushdie, der zeige, »daß mit der Macht der Massenmedien, ein Todesurteil hochzuspielen und über den ganzen Globus zu verbreiten, auf diesem Globus kein Platz mehr für das Exil ist«; es gebe »ganz einfach kein Exilland mehr. Wohin man flieht, man ist immer in Feindesland.«[13]

Franzetti (1996) kritisiert die Zirkularität der Medienwelt, die sich überdies an die Stelle der Realität gesetzt habe: »Die Medienwelt, nicht nur die italienische, kann auf den Beitrag der realen Welt mittlerweile verzichten. So wie nach dem

bekannten Parkinsonschen Gesetz tausend Leute sich berufs-
mäßig gegenseitig verwalten können, kann eine genügend
ausdifferenzierte Medienwelt sich ausschließlich mit sich
selbst beschäftigen.«[14] Der erste und sehr populäre Privat-
fernsehsender des Schweizer Medienpioniers Roger Scha-
winski stellt sich in der Eigenwerbung mit dem repetitiven
Slogan vor: »Tele 24, da wo's passiert.« Die Welt läuft im
Medium ab, das Medium ist die Welt.

Liest man Enzensbergers Angriffe auf die Medien, so
kommt einem das Schillersche Zitat »Gegen Dummheit
kämpfen Götter selbst vergebens«[15] in den Sinn, und aus solcher Illusionslosigkeit scheint auch der Altmeister literari-
scher Zeitgeistkritik keinen Hehl zu machen. »Dennoch ist
die Ohnmacht der Kritik eine massive Tatsache, und ihr
Grund liegt auf der Hand. Jede Aufklärung über die *Bild-
Zeitung* ist vergeblich, weil es nichts über sie zu sagen gibt,
was nicht schon alle wußten.«[16]

*E*igensinn, *K*onzentration und *G*edächtnis sind die drei
Eigenschaften, welche die wenigen, welche vom Virus der
postmodernen Massenkultur nicht befallen sind, auszeich-
nen – die Anfangsbuchstaben E K G mögen als mnemotech-
nische Stütze jenen dienen, die sich daran immer oder zeitweise orientieren möchten. Eigensinn steht für Originalität,
Konzentration für Geduld und Bedachtsamkeit, Gedächtnis
für das historische Bewußtsein. Es sind die drei Fähigkeiten,
welche meines Erachtens die Schule und Universität zu fördern heute die Pflicht hätten und welche nach Enzensberger
die Hauptfigur auf der gesellschaftlichen Bühne nicht besitzt:
»Er hat es gut; denn er leidet nicht unter dem Gedächtnis-
schwund, an dem er leidet; daß er über keinen Eigensinn ver-

fügt, erleichtert ihn; daß er sich auf nichts konzentrieren kann, weiß er zu schätzen; daß er nicht weiß und nicht versteht, was mit ihm geschieht, hält er für einen Vorzug. Er ist mobil. Er ist anpassungsfähig. Er verfügt über ein beträchtliches Durchsetzungsvermögen. Wir brauchen uns also keine Sorgen um ihn zu machen.«[17]

Das Gefühl von Ohnmacht und Verzweiflung wird hier durch Ironie abgewehrt, eine infauste Zeitdiagnose durch zynische Euphorie ins Gegenteil verkehrt. Der Kommentator kann der Verfassung des heutigen Medienmenschen nichts, aber auch gar nichts Positives abgewinnen, außer der Sorglosigkeit, in welcher jener sich wiegt, der, um jede Hoffnung gebracht, sich auch jeglicher Pflicht und Anstrengung enthoben sieht und im Zustand der Indifferenz erstarrt. Es ist die Gelassenheit dessen, der nach dem Totalschaden den Feierabend genießt, die Gelassenheit des resignierten isovalenten Individuums.

5.
Die Jagd nach Aufmerksamkeit und das Diktat der Medien

Medien – Zeitungen, Radio und Fernsehen – sind zu einer Agentur der Aufmerksamkeit geworden. Sie werben um die Gunst des Publikums ebenso wie Politiker, Kaufleute, Naturwissenschaftler, Architekten, Intellektuelle, die, um ihr Metier zu betreiben, auf Beachtung, Bekanntheit, Akzeptanz und Bewunderung angewiesen sind. Das Buhlen um Aufmerksamkeit und Geltung ist möglicherweise so alt wie die Menschheit, und auch skurrile und ausgefallene Methoden, solche zu erlangen, lassen sich in der Geschichte weit zurückverfolgen.

Heute versuchen alle, die meinen, etwas zu sagen zu haben, sich im harten Kampf auf dem Jahrmarkt der Aufmerksamkeiten zu behaupten. Im Bereich der elektronischen Medien geht es in einem harten Verdrängungskrieg um die Jagd nach Einschaltquoten. Daß Radio- oder Fernsehsendungen den Tagesablauf der Menschen mitprägen oder gar deren ganze Aufmerksamkeit in den Bann ziehen können, zeigte sich schon in den 50er Jahren in der Bezeichnung von populären Krimis, Hörspielen und Diskussionsrunden als »Straßenfeger«, nach deren Beendigung die Urin- und Wasserflut in den Kanalisationen regelmäßig anschwoll.

In den späten 80ern waren es vor allem die zahllosen Game- und Quiz-Shows, die das Interesse der Zuschauer vereinnahmten. Ab Mitte der 90er übernahmen die Daily Talks diese Marktposition. Und seit neuem gehört die Quotenjagd mit seelischen Grenzerfahrungen zum festen Konzept der Fernsehsender. Adventure-Shows beziehen ihren Thrill nicht zuletzt daraus, daß sie zusammengewürfelte Gruppen von Menschen in klaustrophobische Situationen bringen. In Amerika wird das Interesse des Publikums geweckt, indem diesem der Spiegel seiner Lebenssituation vorgehalten wird.

Die im Jahre 2000 populärste Show von Jerry Springer[1], die zwölf Millionen Zuschauer an den Bildschirm lockte, »spielte« mit den amerikanischen Sozialproblemen: Wertverlust der Familie, Alkohol, Rassenprobleme, Kriminalität, Arbeitslosigkeit in den untersten Schichten. Eine zusätzliche Attraktivität erhalten solche Sendungen, indem sie dramatische Zuspitzungen oder Folgen live und hautnah vorführen. Dreiecksgeschichten, bei welchen Männer und Frauen während der Sendung erfahren, daß ihre Partner noch weitere Beziehungen unterhalten, sind an der Tagesordnung. Sie arten gewöhnlich in Reaktionen gewalttätiger Natur aus.

Eine weitere Methodik des Kundenfangs ist die absatzfördernde Stromlinienförmigkeit und Entdifferenzierung von Filmproduktionen. Wenn ein Produzent die Wahl hat zwischen einem Liebhaberstoff ohne Vermarktungspotential und einem potentiellen Merchandising-Knüller, wird er sich für letztere Option entscheiden. Aus diesem Grunde wird beispielsweise Kinderfernsehen, das international verwertet werden soll, immer schnittiger und zweckmäßiger. Geschichten müssen ohne Ecken und Kanten erzählt werden, um auch in anderen kulturellen Umfeldern anzukommen. So hat beispielsweise der Zeichentrickproduzent Gerd Hahn aus den

Grimmschen Märchen für den Geldgeber Greenlight Media ein »Grimm light« hergestellt, indem er sie so lange weichspülte, bis sie in allen 128 Ländern, in denen sie liefen, erfolgreich waren.

Die Allgegenwärtigkeit der Medien wird immer aufdringlicher. Publikumszeit wird über die stetig steigende Erscheinungshäufigkeit und Erscheinungsvielfalt von Zeitungen bis hin zur Bereitstellung einer Programm-Endloszeit vereinnahmt. In dieser bieten die verschiedensten Medienunternehmen jederzeit und überall, nachts im Auto, morgens am Frühstückstisch, abends im Wohnzimmer, attraktive Angebote für alle erdenklichen Situationen und Bedürfnisse an. Alle diese Strategien einer umfassenden Vereinnahmung und Rekrutierung von Medienkonsumenten verleihen den Medien eine Dominanz, der sich keiner, der etwas zu sagen hat oder bewirken möchte, entziehen kann.

Die zunehmend marketingorientierte Kolonisierung von Erlebenswelten führt zu einer Medienkultur, die für jene, die abseits stehen, unverständlich wird und bei diesen einen »Bildungsnotstand« erzeugt: Sie verlieren ihre Kreuzworträtsel- und Smalltalk-Tauglichkeit. Politiker können nur unter der Gefahr des Verlustes von Wählerstimmen die publizierte öffentliche Meinung ignorieren. In der Wissenschaft greifen die Massenmedien aus der Überfülle hypothetischer Befunde einzelne heraus, die dann eine Bekanntheit und Glaubhaftigkeit erreichen, den sie als pure wissenschaftliche Ergebnisse in einer Fachzeitschrift nicht erlangen könnten.[2]

Wissen, Vernunft und Gefühle werden von den Medien definiert. Und man hat sich dieser Definitionsmacht zu fügen. So muß sich ein Politiker jederzeit auf die Gefühlslage der

Öffentlichkeit einstellen. Der Soziologe Frank Furedi bemerkte: »Mitzufühlen ist inzwischen kein spontaner Ausdruck von Emotionen mehr, sondern vielmehr ein Dogma, das uns moralische Teilhabe gebietet – man könnte es ›emotionale Korrektheit‹ nennen. Verhaltensweisen, die von diesem gefühligen Konsens abweichen, werden inzwischen häufig als bösartig angegriffen und abgestraft.«[3]

Die Moral spielt in der öffentlichen Debatte eine immer größere Rolle, und zwar oft auf Kosten der nüchternen Beurteilung von Sachverhalten. Die moralische Empörung und auch das Gegenteil, die moralische Selbstzufriedenheit, sowie die Bewirtschaftung von Trauergefühlen werden zu einem wichtigen Faktor im Aufmerksamkeitswettbewerb. Sie werden sogar zum Maßstab. Wer sich beispielsweise beim tragischen Unfalltod von Prinzessin Diana dem gefühlsduseligen Konformismus entzog und der öffentlichen Betroffenheit sich nicht gebührend anschloß, riskierte, in seinem Umfeld irritiertes Unverständnis auszulösen.

Ein Einflußverlust des geschriebenen Wortes zugunsten des Audiovisuellen greift um sich und eine immer engere Symbiose mit den Massenmedien. Um deren Hunger nach Bildern und griffigen Gesten zu stillen, wandelt sich der Intellektuelle vom »leader d'opinion« in einen »dealer d'émotion« (Jean-François Sirinelli) und hält sich zunehmend an die Tugenden von Theatralisierung und Inszenierung.[4]

Im Reizklima der aufgeregten Aufmerksamkeits-Produktion entkommt keine Disziplin den Moderichtlinien und Stilvorgaben, welche Unterhaltung und Ästhetik verordnen. In handfesten Sachfragen hat sich der von den Medien zur Rechenschaft gezogene Protagonist öffentlich zu bewähren.

Wissenschaftliche Untersuchungsresultate werden oft erst dann zur Kenntnis genommen, wenn Zeitungen und elektronische Medien darüber berichten. Man liest den *Spiegel* und nicht wissenschaftliche Periodika, um sich näher darüber zu informieren. Über Nacht in die Schlagzeilen katapultierte Meldungen von Viruskrankheiten oder Waldschäden, welche Politiker zu Stellungnahmen und Entscheiden herausfordern, verändern die Traktandenlisten der politischen Tagesordnung[5] und erzwingen neue Prioritäten.

Aufmerksamkeit auf sich zu ziehen, ist für die Massenmedien Ziel und Methode zugleich und wird zum Selbstzweck. Dabei ist der Inhalt von untergeordneter Bedeutung, und moralische Sorgen treten in den Hintergrund. Kidnapping wird als Live-Show übertragen, wenn es allen Beteiligten nützt. So ist die Entführung von Gladbeck-Rentfort als Beispiel dafür in die Mediengeschichte eingegangen, wie die Medien zu Mittätern bei kriminellen Vorgängen werden können.

Am frühen Morgen des 16. August 1988 drangen zwei mit Maschinenpistolen bewaffnete Männer in eine Filiale der Deutschen Bank in Gladbeck-Rentfort ein und nahmen einen Kassierer und eine Kundenberaterin als Geiseln. Als die Polizei kurz darauf den Tatort umstellte, schossen sie um sich, um ihrer Forderung nach Lösegeld Nachdruck zu verleihen. Abends, nachdem sie 300 000 DM Lösegeld und von der Polizei ein Fluchtauto erhalten hatten, machten sie sich davon. Die Kidnapper wandten sich bald gezielt an die Medien und erklärten, daß sie nur via Medien sprechen wollten, damit diese »auf die Polizei Druck machen«. Bereits am Mittag des ersten Tages gaben die Gangster einer privaten Radiostation ein Interview. Damit war der Köder in die Medien geworfen. Ein großes Drängeln setzte ein. Ein geschäftstüchtiger Fotograf witterte das Geschäft seines Lebens. Er verkaufte sein Bild an die meistbietende Illustrierte, anstatt es seiner Nachrichtenagentur abzuliefern.

Am Abend des folgenden Tages kaperten die Gangster in Bremen einen Bus mit etwa dreißig Passagieren. Fotografen und Reporter durften einsteigen. Bei einem Halt auf einer Autobahnraststätte traf die mit starken Kräften anwesende Polizei nicht ein, weil Hunderte von Schaulustigen und Journalisten unter dem Schein von Fernsehkameras das Geschehen mitverfolgten. Drei Tage später wurde in der Kölner Innenstadt das Fluchtauto von Dutzenden von Journalisten umringt, die mit Mikrofonen und Kameras ununterbrochen Gangster und Geiseln interviewten. Die Medien und in ihrem Gefolge die Schar der Schaulustigen bildeten gleichsam einen Schutzwall für die Täter, die sich frei bewegen konnten.

Die scheußliche Geschichte, die mit dem Tod zweier Geiseln und eines Polizisten endete, hatte sich in eine kriminalistische Live-Show verkehrt. Aufgrund des Thrills des Realen verdrängte sie die spannendste Krimi-Serie vom Bildschirm. Viele Kommentatoren sahen in der medialen Hektik eine Folge der verschärften Konkurrenz auf dem Fernsehmarkt, wo die rauhen Sitten des Boulevardjournalismus immer mehr Einzug hielten, nachdem Anfang der 80er Jahre private Sender das einstige Monopol der öffentlichen Anstalten geknackt hatten. Es wurde darauf hingewiesen, daß die Journalisten in vielerlei Hinsicht nach den Regeln der Kunst gearbeitet hätten, indem sie an Ort und Stelle recherchierten, bei den betroffenen Parteien Statements einholten und korrekte

Berichte ablieferten. Sie haben also als neutrale Agenten das Prinzip der Allparteilichkeit beachtet und nicht nur die Sicht der Polizei übernommen, sondern auch den Standpunkt der Gangster erfragt. Durch den Konkurrenzdruck, die technischen Mittel für die unmittelbare Berichterstattung und die Faszination der Telepräsenz führten sie jedoch das Informationsprinzip ad absurdum. Es entstand eine funktionelle Komplizenschaft zwischen Medien und Gangstern, die nur so viel an Informationen preisgaben, wie ihren Interessen dienlich war.[6]

6.
Die Macht des Bildes

Mit dem Wort »Bild« sprechen wir sehr Verschiedenes an –
von Spiegel- oder Schattenbildern, mentalen Vorstellungen,
sprachlichen Vergleichen, Metaphern bis zu Gemälden, Foto-
grafien, wissenschaftlichen Illustrationen oder denjenigen
Bildern, die über den Bild-Schirm flimmern. Heute wird oft
ein Überfluß an Bildern beklagt. Besonders deutlich hat sich
der französische Kulturtheoretiker Paul Virilio ausgesprochen, der eine »visuelle Umweltverschmutzung« zu beobachten meint.[1] Die Rede von der »Bilderflut« bezieht sich
zunächst auf das Fernsehen, das sich von einem Monopol-
medium zu einem bunten Strauß von Privatsendern und
Spartenprogrammen entwickelt hat. Das Internet läuft buchstäblich über von Bildern beliebiger Qualität. Dem Sehsinn
wird wieder vermehrt eine bevorzugte Stellung eingeräumt.

Wir unterscheiden zwischen inneren, dem Unbewußten
und der Symbolwelt entstammenden, und äußeren, in der
Realität vorhandenen, Bildern. Weiter zwischen *reprodukti-
ven* Bildern, die früher wahrgenommene Anblicke in Erinnerung rufen, und *antizipierenden* Bildern, die noch nicht statt-
gefundene Vorgänge vorstellen. Bilder können Gewesenes,
Gegenwärtiges, Zukünftiges und auch rein Imaginiertes dar-
stellen.

Das »Oberflächenwesen« Fotografie ist allerdings auch
ein Vermittler von Vertiefung und Differenzierung, der Räu-

me erschließt und auslotet, die im Verborgenen oder außerhalb unseres Horizonts unser Sein konstituieren. Eine so abstrakte Sache wie das Erbmaterial zum Beispiel könnte sich niemand vorstellen, ohne das Bild der doppelt gewundenen Helix vor sich zu sehen. Ein technisches Bild von geradezu spektakulärer kulturgeschichtlicher Wirkung ist von den ersten Weltraumsonden in den Anfängen der 60er Jahre aufgenommen worden: die Darstellung der in zarten Blautönen schimmernden Erde – unserer Welt – vor dem Hintergrund eines feindlichen, unermeßlichen und schwarzen Nichts.

Im Zeitalter von Computer und Magnetresonanztomographie ist der menschliche Körper durchsichtiger geworden. Der Medizin haben sich dadurch neue diagnostische und therapeutische Möglichkeiten eröffnet. Die Bilder der eindringenden Technik üben auch eine große Wirkung auf die Wahrnehmung des eigenen Körpers aus. Das Erlebnis einer Schwangerschaft hat sich durch die Ultraschallbilder des Ungeborenen verändert.

Eine subversive Wirkung des dokumentarischen Bildes liegt in der sinnlich-konkretisierenden Qualität im Vergleich zum abstrakten Text. Es ist, als ob das Bild ausrufen würde: Genug der Worte, jetzt laßt mich sprechen! So war's! So ist's! Bilder zeigen immer Konkreta, nie Abstrakta. Fernsehbilder werden als Abbildung von Realem verstanden, was ihnen im Empfinden des Zuschauers eine hohe Glaubwürdigkeit verleiht.

Innerhalb der Struktur der Wahrnehmung erregen Bild und Schrift nicht dieselbe Qualität von Bewußtsein. Das Abbild ist manchmal gebieterischer als die Schrift, es zwingt uns aufgrund seines gleichzeitigen Nebeneinanders die Bedeutung mit einem Schlag auf, ohne daß wir es analysieren oder synthetisieren. Würden Bilder allein die Kommunikation ausmachen, dann drohten Irrationalität, Chaos, Gewalt. Denn Bilder führen zu intensiven Reaktionen. Ihr Wallungswert ist viel stärker als der von Texten. Bilder verführen zur leichtfertigen Nachahmung.

Während das Radio die visuelle Vorstellungskraft nur zu stimulieren vermag, kann das Fernsehen endgültig alles Fremde zu Vertrautem machen und dadurch mitunter auch die politische Beurteilungsfähigkeit beeinflussen. Vorurteile können so relativiert oder über Bord geworfen werden. Die Reportagen über den Vietnamkrieg Ende der 60er Jahre beispielsweise, welche Bilder niedergebrannter Dörfer, weinender Kinder, flüchtender Zivilisten und verwundeter Soldaten aus der Ferne in die gute Stube holten, lähmten gängige ideologische Erklärungen wie: »Hier werden Freiheit und Demokratie mit Stiefeln getreten.« Daraufhin entstand ein Auflösungsprozeß herkömmlicher Freund-Feind-Vorstellungen. Durch die nahen Blicke auf die Bevölkerung wurde es immer schwieriger, die guten von den bösen Menschen zu unterscheiden, an Feind und Freund, Kommunisten und Freiheitskämpfern so Unterschiedliches zu erkennen, wie die Politiker weismachten. Vor allem bei der Jugend lösten diese Belege der nackten Wahrheit Zweifel, Widerstand und offene Revolte gegen das Establishment aus.[2]

Ein Bild wirkt also oft mehr als tausend Worte. Vor dem Geschworenengericht, wo der Prozeß im Unmittelbarkeitsverfahren abgewickelt wird, lassen sich die Geschworenen in ihrer Milde, die sie gegenüber dem Angeklagten aufgrund der vernünftigen und anständigen Worte seines Verteidigers einnahmen, durch erschütternde Schreckensbilder oft radikal umstimmen und zu einer drastischen Verschärfung ihres Strafmaßes bewegen.

In unserer Kulturgeschichte finden sich unzählige Belege dafür, daß die dem Auge zugeführte Information als besonders glaubwürdig eingestuft wird. »Seeing is believing« – so beschreibt ein englisches Sprichwort das tiefe Vertrauen, das der Mensch in seinen optischen Eindruck setzt. Der Augenzeuge gilt uns schon immer als ein besonders verläßlicher Informant.

Bevor der Mensch als homo sapiens über eine Sprache verfügte, verließ er sich auf seine fünf Sinne und bildete sich seine Meinung wie Tiere in Sekundenschnelle, ohne viel Kopfzerbrechen. Mit der Entwicklung des Neocortex entstand dann aber die Möglichkeit zu kritischer Reflexion und zur Korrektur der vom Sinnesapparat schnellschußartig angelieferten Vorurteile durch Nachdenken.

Doch mit der visuellen Zeitenwende und der Überschwemmung unserer Massenkommunikation mit Bildern, insbesondere dem kometenhaften Aufstieg des Fernsehens als Bildmedium, beherrscht heute wieder der visuelle Eindruck in verstärktem Maße den menschlichen Verstand.

Es erstaunt nicht, daß die Sprache der Bilder besser verstanden wird als jene der Buchstaben. Denn die Bildsprache ist phylogenetisch (stammesgeschichtlich) und ontogenetisch (individualgeschichtlich) die ältere. Sie ist die Sprache der Primitiven und der Kinder. Sie ist in einer tieferen, nämlich subkortikalen (unter der Hirnrinde situierten) Struktur lokalisiert, und sie ist die Sprache der Traumwelt, des Unbewußten.

Das Bild ist also älter als das Wort und in gewisser Weise auch bequemer als das Ringen um Worte, um Logik und um die korrekten Verknüpfungen der »aufgebauten« Sprache. Dieses energetische Gefälle von Schrift und Bild bringt es mit sich, daß eine Regression auf die frühere, »bequemere« Bildstufe sowohl beim Individuum als auch im Kollektiv zu gewärtigen ist. Der Hunger nach Bildern meldet sich immer wieder, und mit der Empfänglichkeit dafür ist jederzeit zu rechnen.

Die heutige Jugend macht keine wertenden Unterschiede zwischen Buch, Zeitung, Radio, Kino, Fernsehen oder Computer und Internet. Diese Medien werden alle unbefangen nebeneinander und manchmal sogar gleichzeitig benutzt. Die Zeitung begegnet den Jugendlichen zuerst als typisches Erwachsenenmedium. Weil die Eltern gewöhnlich das »Erstleserecht« beanspruchen, weichen die heranwachsenden Kinder um so mehr aufs Fernsehen und vor allem Internet aus. Die Bilder der Fernsehberichte sind ohnehin viel leichter verständlich und vermögen zudem die vom Kontext losgelöste Schaulust zu befriedigen, so daß auch kleine Kinder mit Vergnügen Fernsehberichte verfolgen.

Die Gewöhnung ans Bildmedium Fernsehen und an das interaktive Medium Computer bereits im Vorschulalter hat Auswirkungen auf den Wahrnehmungsstil, der bei den jüngeren Generationen zunehmend visuell geprägt ist.

In der technischen Zivilisation wird die menschliche Beziehung zur Realität heute immer mehr durch Bilder vermittelt und die menschliche Tätigkeit selbst zu einem Agieren in Bilderwelten. Das charakteristischste Beispiel dafür dürfte das chirurgische Operieren am Monitor sein. Der Chirurg nimmt am Bildschirm Veränderungen vor, die sich am menschlichen Material, in der Bauchhöhle oder im Kniegelenk, auswirken. Ebenso verfährt der Pilot, der am Bildschirm sein Flugzeug auf die Landepiste setzt. Man agiert also in Bildräumen, die von der Realität abgekoppelt sind. Die Einwirkung auf die Realität ist technisch vermittelt, wir sind nicht mehr leiblich in sie involviert.

Unsere emotionale Beteiligung an der Welt ist ebenfalls weitgehend bildvermittelt. Von da her erklärt sich das außerordentliche Bedürfnis nach einer Verbildlichung des Lebens. Viele Menschen erfahren ihr Leben erst als wirklich, wenn sie ihre Existenz durch Bilder steigern. Die Bilderwelt ist weitgehend die gesellschaftliche Welt, und auch Gesehenwerden gehört zur gesellschaftlichen Existenz.

7.
Die emotional-aktionistische Publizistik

Bis in die Mitte der 60er Jahre war man von den Medien gewohnt, daß sie sachlich, nüchtern, objektiv, um nicht zu sagen so unhysterisch und diskret wie nur möglich in Erscheinung traten. Die Journalisten schliefen lieber einmal über einer schlechten Nachricht, bevor sie für einen kritischen oder gar bösen Kommentar zur Feder griffen. Die Einmischung in politische Entscheidungsprozesse wurde – wenn überhaupt – mit Zurückhaltung geübt. Die persönlichen Verhältnisse der politischen Akteure wurden in der Regel als nicht relevant auf der Seite gelassen. Der Bereich unterhalb der Gürtellinie war Sperrgebiet. Vor allem aber wurde in der Produktion eigener politischer Ereignisse Abstinenz geübt. Medien machten keine Politik. Auch kriminalistische und recherchierende Eigenaktivitäten, wie sie heute in den Medien an der Tagesordnung sind, waren seltene Ausnahmen. Zum Objektivitätsgebot gehörten die Elemente Unabhängigkeit bzw. Abstand zur Sache, Unparteilichkeit, Faktentreue und Ausgewogenheit.

Die Medien funktionierten freilich nicht nur als neutrale Vermittler, sondern übten durchaus auch Frühwarn-, Kontroll- und Kritikfunktionen aus, indem sie ein Forum für die verschiedensten gesellschaftlichen Ansichten bereitstellten. Der dergestalt funktionierende Medienbetrieb entsprach etwa dem, was heute mit dem Begriff »Qualitätsjournalismus« etikettiert wird. Für Ausnahmen von der Regel waren die Boulevardzeitungen zuständig, die kein kultivierter Bürger in der Öffentlichkeit ohne ein gewisses Schamgefühl gelesen hätte. Wenn diesen ein Schnitzer unterlief, hatte dieser gewöhnlich keine politische Tragweite, sondern wurde als unseriöses Nebengeräusch abgetan. Salonfähigkeit wurde diesem Genre von Publizistik von der offiziellen und mehrheitsfähigen Politik sowieso nicht zugestanden.

Ich erinnere mich, daß 1963 das erste schweizerische Boulevardblatt *Blick*, der deutschen *Bild-Zeitung* vergleichbar, in einer vormittags erschienenen Ausgabe auf ihrer Titelseite ein Foto brachte, welche die Trauerreaktion der auf dem Petersplatz in Rom versammelten Menschenmassen auf den Tod von Papst Johannes XXIII. zeigte. Wider Erwarten verlängerte der Papst jedoch seine Agonie und starb erst einige Stunden später. Dieses Exempel publizistischer Voreiligkeit und Dokumentenbetrugs blieb im öffentlichen Bewußtsein der Schweizer als immer wieder zitierter Klassiker journalistischer Untugend bestehen.

Es wäre allerdings falsch, die sogenannte Qualitätspresse der Nachkriegszeit zum Musterschüler publizistischer Unabhängigkeit zu erklären. Vielmehr war sie stramm der im Kalten Krieg vorherrschenden antikommunistischen Ideologie ergeben. Sie war zum Teil ein Hoforgan des Establishments und funktionierte bei aller demokratischen und rechtsstaatlichen Gesinnungskultur teilweise nach patriarchalisch-hierarchischen Herrschaftsmustern. Wenn beispielsweise der französische Staatspräsident Charles de Gaulle eine Pressekonferenz abhielt, so war erstens nur eine erlesene Schar akkreditierter Journalisten zugelassen und verfügte er zweitens über einen »Klassenspiegel«, aufgrund dessen er unter den hochgereckten Händen jene gezielt auswählte, die ihm die zuvor gezeigten oder gar mit ihm vereinbarten Fragen stellten.

Der ganze Habitus journalistischer Expressivität war in jener Zeit steif, bieder, brav. Wer davon abwich, riskierte, als suspekt zu gelten, marginalisiert oder gar exkommuniziert zu werden als unverläßlicher Kalter Krieger, der der kommunistischen Gefahr nicht die nötige ideologische Widerstandskraft entgegensetzte.

1968, 1980 und 1989 waren die Wegmarken des Aufbruchs der liberalen Gesellschaft, eines Aufstands der Sinne, einer Pluralisierung der gesellschaftlichen Kultur. Was vorher im Dienste der Fitness zur Abwehr der kommunistischen Gefahr und zur Verdrängung der eigenen dunklen Vergangenheit unterdrückt worden war, drängte sich eruptiv an die Oberfläche in alle Nischen der proliferierenden Medienwelt. Es fand eine Versinnlichung der Publizistik statt, die sich zunehmend in grellen Farben und schrillen Tönen darstellte.

Seit der Teilprivatisierung der Hör- und Schaumedien überboten sich unter dem wachsenden Konkurrenzdruck die einzelnen Medien gegenseitig immer mehr in ihrem extravertierten, marktschreierischen Stil, um das Interesse des Publikums auf sich zu ziehen und an sich zu binden.

Der aktuelle aktionistische Stil der Medien unterscheidet sich von der früheren präaktionistischen Phase der Medienkultur durch *Emotionalisierung*, *Dramatisierung*, *Dialogisierung*, *Intimisierung* und *Moralisierung*. Diese Elemente waren früher schon im Bereich der Unterhaltung vorhanden. Neu ist allerdings erstens ihr allgemeines Überhandnehmen und zweitens vor allem ihr Übergreifen auf den informativpolitischen Teil des Medienauftrags.

U. Saxer[1], der Begründer der deutschsprachigen empirischen Medienwissenschaft, hat 1970 folgende idealtypische Merkmale des beliebtesten Fernsehunterhaltungsangebots aufgeführt: kulturelle Anspruchslosigkeit und leichte Zugänglichkeit; Gewährung von sofortigem, unmittelbarem Vergnügen; das Umspielen von Rollenzwängen, Normen und Standards; realistische Darstellung bei gleichzeitiger Vereinfachung und verschönernder Stilisierung einer komplexen Wirklichkeit. Unterhaltung funktioniere am elementarsten als Ausgleich: für Anstrengungen, für Zwänge und Monotonie, für Konsequenzen und Ungewißheiten.

Teichert (1979)[2] hat die Verdienste, die den Unterhaltungssendungen zugeschrieben werden, ermittelt: Sie tragen zur Festigung und Erhaltung zwischenmenschlicher Beziehungen bei; sie geben Anregungen für gegenseitiges Verständnis; sie helfen beim Zurechtfinden in der Welt; sie erweitern das Wissen über sich selbst; sie vermitteln und stärken persönliche Ziel- und Wertvorstellungen; sie lassen Routinezwänge des Alltags vergessen; sie erleichtern das Ertragen schwieriger Probleme; sie schaffen emotionale Entspannung.

Dem Unterhaltungsstil in Presse, Rundfunk und Fernsehen kommt eine partizipatorische Funktion zu, insofern das Medium den Kontakt zum Benutzer herstellt und sich als Partner zur Verfügung stellt. Diese partnerschaftliche Note hat längst Eingang gefunden in Nachrichtensendungen, wo der Sprecher den Zugang zum Publikum durch rhetorische Fragen, Live-Interviews mit Studiogästen oder zugeschalteten Korrespondenten zu aktuellen Ereignissen im In- und Ausland belebt.

Der dergestalt unterhaltene Medienkonsument ist der mitteleuropäische Stadtbewohner zu Beginn des 21. Jahrhunderts: Er führt ein von gesundheitlicher Sicherheit und sozialem Komfort weitgehend stabilisiertes Leben, verfügt über eine Freizeit von 70 Stunden pro Woche, wenn die Schlafenszeit abgezogen wird, und verbringt nach der Pensionierung etwa 20 Jahre seines Lebens bis zum Tod arbeitslos bei gesichertem Einkommen. Diese von Arbeit unausgefüllte und von aktiver Freizeitbeschäftigung wie Sport, kulturellen Aktivitäten und Reisen nur teilweise gefüllte Zeit wird von den Medien mit Erlebnissen bedient.

In der allgemeinen Verarmung an Spannung und Intensität des Erlebens ist eine neue kompensatorische Aufgeregtheit entstanden, die in den Medien als Sensationsjournalismus daherkommt. Auch nüchterne Themen werden dabei so spektakulär aufbereitet, daß Gefühle – ob nun Trauer, Befremden, Scham, Wut, Entrüstung, Zorn, Entzückung, Rührseligkeit, Freude oder gar Euphorie – ausgelöst und aufgepeitscht werden. Vor allem in der Boulevardpresse, welche diese Art von Emotionspublizistik am hemmungslosesten praktiziert, scheinen die Journalisten charakterlos einen Sport zu betreiben, den man mit dem Ausdruck »Gefühlssurfen« bezeichnen könnte.

Themen wie Gewalt, Sexskandale, Bestechungsaffären, Bedrohungssituationen, Unglücksfälle und Verbrechen, Ehescheidungen etc. werden bevorzugt behandelt gegenüber anderen Themen, und jene, die sich nicht von selbst zur Spannungserzeugung eignen, werden durch Erzähldynamik und

Bildmaterial so präsentiert, daß sie gefühlstauglich werden. So werden Sachverhalte durch brisant klingendes, deftiges Vokabular, durch unvollständige, einseitige oder übertriebene Darstellung, durch beunruhigende oder Hoffnung machende Andeutungen oder durch Fragen (z. B. »Kommt die Pest wieder?« oder »Marihuana als Einstiegsdroge?«) in eine Form gebracht, welche Eindeutigkeit vortäuscht und den Informationsempfänger zu einer klaren gefühlsmäßigen Stellungnahme bewegt.

Beim Thema Gewalt sind die Medien und auch das Verlangen der Öffentlichkeit auf Dramatisierung festgelegt. Oft kommt es vor, daß phantastische, scheinbar durch die Wissenschaft belegte Zahlen durch Medien und Politik irrlichtern, daß von Forschungsergebnissen nur noch spektakuläre Schlagzeilen überleben und relativierende, vielleicht sogar gute Nachrichten überhört werden.

Je nach politischem Standort und Ausrichtung der beabsichtigten Willens- und Meinungsbeeinflussung kann die Verzerrung der Information aber auch in eine entdramatisierende, bagatellisierende Richtung gehen. Etwa bei der Beurteilung des Gefahrenpotentials in der Gentechnik. Entscheidend ist, daß Gefühlsstimulation statt fachgerechter Information die Berichterstattung beherrscht. Der dramaturgische Aspekt ist maßgebend.

Gewaltphänomene werden in der Öffentlichkeit mit Vorliebe so dargestellt, als seien Täter und Opfer Figuren eines moralischen Lehrstücks. Diese haben einer bestimmten Vorstellung von Gut und Böse zu entsprechen. Dabei sind die Schuldzuweisungen schon oft von vornherein nach einer vorgefaßten Annahme erfolgt, wie beispielsweise, daß Männer immer die Täter und Frauen immer die Opfer seien. Die Tatsache, daß die Zahl männlicher Tötungsopfer während der vergangenen 35 Jahren deutlich stärker gestiegen ist als diejenige der weiblichen Opfer, hat dann keine Chance, die Vorurteilsschranke zu durchbrechen und Eingang in das öffentliche Bewußtsein zu finden. Wenn die Meinungen schon gemacht sind, dienen die Daten nur noch als Deckmäntelchen wissenschaftlicher Aura.

In diesem konkreten Fall oder in ähnlichen Fällen richtet sich der Berichtsstil der Medien nach dem Gefühlshunger und der momentanen Erwartungshaltung der Empfänger ihrer Botschaften. Sie wählen beispielsweise unabhängig von der Realität feststehende Floskeln. In einem Betrugsprozeß, bei welchem der angeklagte Politiker über Wochen in der Boulevardpresse an prominenter Frontseite als uneinsichtig und gefühlskalt charakterisiert worden war und die Rachegefühle der Öffentlichkeit geschürt wurden, wurde das Verdikt in verschiedenen Zeitungen mit dem Satz mitgeteilt: »Der Angeklagte nahm das Urteil regungslos, ohne mit der Wimper zu zucken auf.« Dieser war aber wegen einer gesundheitlichen Störung gar nicht bei der Urteilsverkündung anwesend gewesen. Das ist ein Beispiel einer Haltungsdramatisierung und entspricht der Erfahrung, daß auch außerhalb der Medienhysterie Experten oft nur die Funktion der Gehilfenschaft zur legitimierenden Unterstützung unantastbarer Interessen wahrnehmen.

In der gegenwärtigen aktionistisch-emotionalen Publizistik hat sich der verzerrende Stil der Emotionsdramatik sogar losgelöst von Haltung und Meinung. Es geht nur noch um die Emotion um der Emotion willen. Die Inhalte unterliegen der Beliebigkeit.

In der Medienwelt regiert der Emotionsrealismus. Tatsachen sind dazu da, um die Gefühle sprechen zu lassen. Gefühle liefern immer den Schmierstoff, der den boulevardesken Medienbetrieb laufen läßt. Auf den Boulevards werden mit Vorliebe erschütternde, zu Tränen rührende oder aufwühlende Schicksale erzählt. Die Talk-Shows haben Resonanzräume für Gefühle geöffnet und damit Themen in die öffentliche Arena eingeführt, die zuvor als privat galten: Wie geht man um mit Liebe und Eifersucht, mit Schmerz und Trauer? Wie stehe ich zu meiner Eitelkeit? Wie behandle ich meine Rachegefühle?

Bei Polizeiberichterstattungen werden schon bei den ersten Meldungen über angelaufene Untersuchungsverfahren süffisante und spannende Details erzählt zur Ergötzung des Publikums. Ohne Rücksicht auf das Interesse einer unbehinderten und unbeeinflußten kriminalistischen Abklärung liefern Fernsehsender frei Haus praktisch täglich Aussagen von Zeugen und Verdächtigen. Diese werden in ihrer Wohnung, vor dem Gerichtsgebäude oder auf der Straße von Reportern befragt und – je nach der persönlichen Ansicht des Reporters – vorverurteilt oder reingewaschen. Nachbarn, auch Kinder werden ausgequetscht und nach ihrer Einschätzung der Persönlichkeit eines Verdächtigen oder Verhafteten befragt. Der Fernsehzuschauer erlebt so mit wohligem Gruseln eine detektivische Live-Show und absolviert voyeuristisch ein Praktikum in kriminalistischer Investigationsmethodik.

Bevorzugt werden Ereignisse, die eine Abweichung von der gängigen Norm anzeigen, da diese am ehesten Emotionen anzurühren vermögen und ein Klima medial hochgepeitschter Seelenstürme beibehalten können. Neuheiten sind ja nicht als solche berichtenswert. Dafür gibt es zu viele. Abweichungen sind leichter sichtbar zu machen und sind anregender als Konformität. Konflikte, Schäden und andere Erscheinungen, die Normalitätserwartungen enttäuschen, sind attraktiver als banale Alltagsvorkommnisse.

Meldungen müssen so gefertigt sein, daß sie einen Hund hinter dem Ofen hervorlocken. Die Darstellung des Gewöhnlichen muß mindestens die Form der Übertreibung wählen oder die Dimension des Außergewöhnlichen beschwören, eine Erwartungshaltung, Neugier oder die Vorstellung einer brisanten Fortsetzung evozieren, etwa durch Suggestion besonderer Tragweite.[3] Die unwichtige Meldung muß sich sozusagen wichtig machen.

Das tut sie auch, indem sie Betroffenheit und Nähe einredet, was sie durch Verallgemeinerung oder Verleihung eines exemplarischen Status erreichen kann. Überfährt beispielsweise in Bielefeld ein Arzt auf Patientenbesuch den Hund des stadtbekannten Theaterdirektors, so ist dieser Unfall zunächst nur im Lokalmedium eine Nachricht wert. Erscheint die Meldung aber trotzdem in einem überregionalen Medium, so wird damit die Konnotation mitgeliefert: »Das könnte auch dir passieren, ein Arzt ist nicht etwa ein Halbgott in Weiß von vornherein, er ist nicht unverdächtig, er kann fahrlässig sein und töten statt heilen.« Lokalmatadoren können, vor allem bei Fortsetzungsberichten, in jedem erweiterten »emotionalen Revier« eingebürgert werden. Das Ferne rückt in die Nähe und erhält dadurch einen Zuwachs an Aufmerksamkeitswert.

Dieses Distanzgesetz machen sich auch die Talk-Shows

zunutze. Der Gefühlsjournalismus ist ganz auf Provokation, Steigerung und Verallgemeinerung der Gefühle aus, während der politische Inhalt als solcher in den Hintergrund tritt und nur als Gefühlskatalysator herzuhalten hat. Entsprechend sind die paraverbalen und nonverbalen Phänomene wie Mimik, Gestik, Aufmachung gegenüber der Aussage und den Inhalten von übergeordneter Bedeutung. Tritt ein Minister »bleich« vor die Presse, hat sich der Verlauf eines Skandals zu seinen Ungunsten gewendet. Der Emotionsrealismus hat bereits das Urteil über ihn gesprochen. Wir erfahren in den Medien mehr über die Frisur einer Politikerin als über ihre politischen Absichten, weil diese über ihren Gefühlszustand jene Auskunft gibt, die die ganze innere Wahrheit zum Vorschein bringen könnte.

Der in den Talk-Shows seit den 90er Jahren unübersehbare Gefühlsschub erfolgt unter Beibehaltung von zum Teil herkömmlichen Formaten wie Ratespielen, Wettbewerben etc. Der Spaß an der Jagd nach der richtigen Antwort beispielsweise lebt nicht mehr von der Bewunderung für den enzyklopädischen Alleswisser, sondern von dem gespannten Verfolgen der Anzeichen von Stress auf dem Gesicht des Kandidaten, das die Kamera meist in Naheinstellungen fixiert.

In der *Geburt der Tragödie* sprach Nietzsche vom »dionysischen Gefühl«, das Kollektivverhalten auslöse. Durch die medialen Übertragungstechniken konnten Fußball- oder Tennisspiele zu einer Veranstaltung werden, an der ganze Nationen, ja Kontinente teilhaben. Seither vermitteln sie auch das »dionysische Gefühl« eines Kollektiverlebnisses. Dies trifft auch für Ereignisse wie die weltweit übertragene Trauerfeier für Prinzessin Diana zu. Die Ergriffenheit galt nicht nur der

Verstorbenen selbst, sondern war auch vom Wissen um die kollektive Anteilnahme an der Trauer der Direktbetroffenen bestimmt. Für eine historische Stunde war die Verstorbene zum Zentrum einer planetaren Produktion von »gesellschaftlichem Unbewußten«[4] geworden.

Auch die Affäre Monica Lewinsky erzeugte ein Weltgefühl in zweiphasigem Ablauf, indem das immense Publikum der weltumspannenden Televisions- und Medienarena seine Schuldgefühle für eigene (un)sittliche Phantasien projektiv in die Person des mächtigsten Mannes der Welt, Bill Clinton, projizierte und dann nach dessen Freispruch für eine Weile die gemeinsame Entlastung von dieser drückenden Schuldlast in einem vereinten emotionalen Elevationsgefühl erlebte wie eine unsichtbare magische Kraft beim gemeinsamen Tischerücken.

In diesen ubiquitären, teils frei flottierenden Schuldgefühlen ist auch der Drang nach immer wieder neuen Inszenierungen des Bösen begründet, der im Öffentlichkeitsraum häufig die Massenunterhaltung beherrscht. Das Gewalttätige, Peinliche, Groteske, Gemeine wird fast penetrant thematisiert, und Themen wie Inzest, Ehebruch, medizinische Kunstfehler, Mager- und Fettsucht, Verstümmelungen und Perversionen werden zur Massenunterhaltung aufbereitet.

Sie erfüllen eine kathartische Wirkung. Denn unsere Zivilisation zwingt die Menschen, Triebe und Wünsche zu unterdrücken. Diese sind damit aber nicht gänzlich beseitigt, sondern suchen unentwegt nach Ausdrucks- und Realisierungsmöglichkeiten. Das Verdrängte kehrt gelegentlich in abgewandelter, modifizierter Form zurück und bricht sich Bahn an die Oberfläche.

In den Skandalgeschichten der Gegenwart überwiegt die Methode der Enthüllung im privaten Bereich, des Eindringens in die Intimsphäre und der fortwährenden, unnachgiebigen Prüfung der moralischen Integrität vorwiegend der Gilde der Prominenten. Zwar wird diese invasive mediale Vorgehensweise relativiert durch die Tatsache, daß sich vieles, was sich früher diskret und privat, den unbefugten Blicken verborgen abspielte, heute in aller Öffentlichkeit passiert, vom Fingernägelschneiden, Zähneputzen, Umziehen in der Badeanstalt bis zur heftigen Liebkosung. Doch scheint es, daß allen voran die Skandalmedien in der Freilegung der Intimität aufs Ganze gehen und mit allen Methoden und Gepflogenheiten der Verhüllung tabula rasa machen. Unter dem Motto »das Private ist politisch«[5] wird eine Intimisierung der Politik betrieben, wie die deutsche Essayistin Cora Stephan das Phänomen genannt hat. Dabei kommt es zu systematischen Verletzungen der Intimsphäre.

Die Genietruppen der Journalistenarmee, die am unerschrockensten und unverfrorensten die Jagd nach Intimität praktizieren, sind 1997 ins grelle Scheinwerferlicht der Kritik geraten, als sie in Paris die englische Prinzessin Diana in Ausübung ihres beruflichen Auftrages in den Tod hetzten. Die heute jedem geläufige Berufsbezeichnung »Paparazzi« war noch am Tag vor dem Ereignis niemandem ein Begriff. Paparazzi sind zudringliche, abgebrühte Medienprofis, die Prominente hetzen und jagen wie die Hasen und ihre Intimsphäre schamlos verletzen. Sie entreißen ihren Opfern – oft nachdem sie alle Abwehrschranken so gewaltsam wie für ihren Erfolg nötig durchbrochen haben – ihre Intimität Stück um Stück und tragen sie auf den Markt.

Eine mildere Form des Geschäfts mit der Intimität sind die Homestories sogenannter Prominenter, die von diesen selber arrangiert und gesteuert werden und daher meistens auf die Schokoladenseite beschränkt bleiben, indessen unter dem Druck eines schuldbesetzten Intimitätsoffenbarungs- und Geständniszwangs sich oft zu einer Auslegeordnung ihrer depressiven Facetten und zu einer Beichte ihrer tatsächlichen oder vermeintlichen Sünden und Missetaten vor der Öffentlichkeit wandeln. Die Selbstdarsteller liefern Anschauungsmaterial zu ihren Depressionen, ihrem Alkoholismus, Tablettenmißbrauch, stellen ihre Leibesfülle und ihren Hang zu jugendlichen Liebhaberinnen zur Debatte, ihren ersten Orgasmus und ihre gleichgeschlechtlichen Eskapaden.

Eine neuere Spezies von Exhibitionisten sind jene, die man als »Laienprominente« bezeichnen könnte. Sie präsentieren sich aus eigenem Antrieb und freiwillig der Öffentlichkeit in Talk-Shows, Game-Shows etc. Dieses Echte-Leute-Fernsehen mit vermeintlich echten Gefühlen widerspiegelt die Inflation der Authentizität im ganzen Medienbereich einschließlich des Internets. Ob in nie endenden Talk-Runden, in Sportinterviews oder in sogenannten Reality-Spielen wie *Big Brother*: Die Medienrealität ist heute auf dem Echtheitskurs. Es entspricht nicht nur dem Bedürfnis nach wahrer Kost, sondern auch nach wahrem Sein und freiem Handeln, einer Auflehnung gegen eine bis ins letzte Detail vorgegebene Drehbuch- und Regieanweisung zugunsten einer Stegreif-Performance.

Diese Authentizität und Spontaneität sind bis zu einem gewissen Grade die Merkmale der neueren Fernsehproduktionen. Das Format *Big Brother* stellt eine nach den Darstellungsweisen und der Dramaturgie von Soap Operas insze- nierte verhaltens- und persönlichkeitsorientierte Spiel-Show dar, die auf Echtzeitinszenierung basiert. Es lebt davon, daß die Teilnehmer ihre Persönlichkeit und ihre Subjektivität ent- falten. Im Rahmen des Spiels finden aber weitere Spiele, gewissermaßen als Spiele im Spiel statt. Insofern ist es also keine reine Real-Life-Soap, sondern ein um die Inszenierung von Authentizität bemühtes Format.

Es kann als performatives Realitätsfernsehen angeschaut werden. Es ist alles zugleich: Show, Spiel, Soap und soziale Wirklichkeit. Trotz der teilweisen außengeleiteten Inszenie- rung und der Medienrealität mit dem Bewußtsein der Teil- nehmer ihres ständigen Beobachtet-Seins und den daher zu erwartenden Anpassungs- bzw. Selbstbeherrschungsleistun- gen liegt der zentrale Interessenfokus auf den »authenti- schen«, »echten« Momenten im Verhalten der Container- Bewohner.

Daß Durchschnittsbürger in das Rampenlicht der Öffent- lichkeit drängen, hängt z. B. damit zusammen, daß Sozialsta- tus und Sozialprestige derzeit eng mit Medienpräsenz ver- knüpft sind. Andy Warhols berühmter Satz, wonach jeder ein Recht auf fünf Minuten Berühmtheit habe,[6] wird offensicht- lich nicht ironisch ausgelegt, sondern in vollem Ernst als ver- pflichtende Wegweisung beherzigt und auch als einzulösen- der Anspruch geltend gemacht. Umberto Ecos Aussage, nur Idioten stellten sich freiwillig vor eine Kamera,[7] erscheint als zeitgemäßer, jegliche Wirkung verfehlender, unerhörter Ruf in einer Landschaft emsiger medialer Umtriebigkeit.

Die Förderung eines demokratischen, transparenten Me- dienbetriebs bringt eine Verflachung, eine Entdifferenzierung und Enthierarchisierung mit sich. Manche Medien kommen dem Demokratieanspruch durch eine immer größere Banalisierung und radikale Entleerung von relevanten Nachrichteninhalten entgegen. Der Anspruchsminimalismus widerspiegelt sich in der Entwicklung vom seriösen und reflektierten Journalismus zu immer oberflächlicherem und schnellerem publizistischem Arbeiten, zu immer simpleren Geschichten nach immer denselben Strickmustern.

Diese Nivellierung und man könnte sagen »Beliebigisierung« zeigt sich auch darin, daß Probleme unterschiedlichster Tragweite in ein und denselben Topf geworfen werden. Reisefieber, Suizidalität, Autofimmel, Pyromanie oder Untreue werden als gleichbedeutend behandelt, was zu einer Banalisierung des Abnormen, einer Dramatisierung des Gewöhnlichen und einer Verschleierung des sozial-moralischen Wertesystems beiträgt.

Auch führt die Sensations- und Reizüberflutung zu einer Erschöpfung der kognitiven und emotionalen Aufnahmefähigkeit des Mediennutzers, die letztlich in einen Verlust von Sensibilität und kritischer Reagibilität und in einer Indifferenz gegenüber politisch relevanten Entwicklungen und Ereignissen mündet, die in ungeahnte Abgründe führen können. Dabei wäre deren präventive Verhinderung die Aufgabe einer an humanistischen Idealen orientierten aufklärerischen Publizistik.

8.
Die narzißtisch-orientierungslose Persönlichkeit
im isovalenten Zeitalter

Es dürfte nicht gelingen, die Frage eindeutig und abschließend zu beantworten, ob die heute von Kulturkritikern diagnostizierte narzißtisch-ichschwache Persönlichkeit bereits das Produkt der veränderten Medienkultur oder umgekehrt diese ein Produkt des »neuen« Menschentypus ist. Es ist wohl von einer Wechselwirkung auszugehen: Der Mensch schafft sich das Medium, das ihn beeinflußt und prägt. Und das Verhältnis von Medium zu Individuum trägt deutliche Anzeichen eines sich verstärkenden Teufelskreises.

Auf eine einfache Formel gebracht: Der aktuelle Menschentypus wird immer einsamer und gemeinsamer. Die Menschen werden durch interaktive Technik wie Internet, Natel, Fernsehen etc. zugleich miteinander verbunden und voneinander isoliert. Sie schicken sich nah und fern ihre Intimität anonym ins Haus, etwa im Chat-Raum oder durch das inkognito geführte Telefongespräch.

Die Medien der isovalenten Zeit haben auf eine sterile Weise die Dorfbrunnenfunktion vorindustrieller Zeiten übernommen. Die emotionalen Kontaktwünsche werden jedoch auf fleischlose Art befriedigt, und der Mangel an sinnlichem Erleben wird durch ein übertriebenes Gefühls- und Erlebnisangebot kompensiert. Körperlich-sinnliche Qualität wird durch Quantität ersetzt, die sich in einem Nonstop-

Angebot, in hoher Lautstärke, dickem Auftragen von Farben und inhaltlichen Übertreibungen äußert.

Es ist dieses Defizit an Echtheit, die Prellung um die Körperlichkeit, die ein immer wieder neues Gefühl von mangelnder Erfüllung zurückläßt. Dieses Unbefriedigtsein erzeugt süchtiges Verhalten, das Quantität an die Stelle von Qualität setzt. Sucht äußert sich in einem zwanghaften Fortsetzungsverhalten. Dieses beruht auf der irrigen Annahme, daß sich objektive Fehler durch subjektives Bemühen überwinden ließen. Diese Vorgänge, die einem magischen Denkmuster folgen, laufen unbewußt ab. Sie stehen auch in Übereinkunft mit dem Glauben an die Technik, die ja in vielem »magische« Kräfte aufzuweisen scheint, indem sie »Wunder bewirkt«.

Amerika, das »Land der unbegrenzten Möglichkeiten«, ist denn auch jenes Land, das in der Ersetzung der menschlichen Körperkraft durch den Zauber der Technik eine Vorreiterrolle und Hoffnungsträgerfunktion innezuhaben scheint. Von diesem Kontinent stammen denn auch die ersten und meisten Erfahrungen der seelischen Entkörperlichungsfolgen und -schäden.

So ist denn die Wandlung der Medienwelt zu einer EEE-Kultur (Erlebnis, Emotion, Event) aus europäischer Optik als Amerikanisierung empfunden worden. Ihre vielfältigen Erscheinungsformen wie Comics, Western-Heftchen, Jeans und Jazz wurden bereits in der Nachkriegszeit indessen von der bildungsbürgerlich verklemmten Europa-Jugend in Elternhaus, Schule und Alltag als befreiend und erfrischend erlebt, wie ein Zeitgenosse erinnert: Die amerikanischen Kulturprodukte hätten durch ihren »lebensprallen, frechen, unverschämten, extravertierten, pragmatischen, neuerungsfreudigen und amoralischen Habitus« imponiert »im Gegensatz zum abgehobenen, blutleeren, schwerenöterischen, vergeistigten und moralinsauren deutschen Kulturgut«. Sie seien als »vitalistische Antipode zum kleinkrämerisch-verhockten Europa willkommen geheißen« worden.[1]

Diese Euphorie wurde jedoch nicht von allen geteilt. Manchen waren die Artikel aus der Neuen Welt als schnelle Genußprodukte verdächtig und provozierten den Vorwurf der Verrohung und Hemmungslosigkeit. Glaser (1976) charakterisierte »Amerikanisierung« als »Entfremdung vom eigenen Ich inmitten eines vorgetäuschten technischen Dorado; Sinnkrise inmitten hektischer, hochgeputschter Vergnügungssucht; Suggestion von Glück inmitten zunehmender Wirrnisse«[2]. Die Auswirkungen zeigten sich in einer tiefgreifenden Sinnkrise, in Vereinsamung, dem Gefühl von Unbehaustheit, das mit der Lieferung immer neuer Illusionen beruhigt werden sollte.[3]

Diese Entwicklung hat allmählich einen neuen Menschentypus hervorgebracht: die narzißtisch-orientierungslose Persönlichkeit. Es hat sich eine Wandlung der traditionellen Arbeitsmoral zur Werthaltung eines konsumorientierten Hedonismus vollzogen.

Die traditionelle Arbeitshaltung war nach Max Weber durch eine calvinistische Unterströmung des Protestantismus bestimmt, welche die Hoffnung auf eine persönliche Gnadenwahl Gottes an die ethische Voraussetzung der Erfüllung aller Berufspflichten gebunden hatte. Die narzißtisch-orientierungslose Persönlichkeit orientiert sich demgegenüber an Zielen der persönlichen Selbstverwirklichung, an ihrer ästhetischen Einstellung gegenüber dem eigenen

Leben, am Leitbild der sexuellen Befriedigung, insgesamt also an den Werten eines hedonistischen Gebotes der individuellen Lusterfüllung.[4]

Durch diese Aufmerksamkeitsverlagerung wird das innere Leben zum hauptsächlichen Bezugspunkt inneren Handelns. Zweck des eigenen Strebens ist nicht die Erreichung von äußeren Erfolgen, sondern vielmehr die Steigerung innerer Gefühle. Das Lebenskonzept hat sich von der Orientierung an äußeren, sozialen Bewährungskriterien in eine Ästhetik der Existenz verwandelt.

Ulrich Beck (1986)[5] hat die Umgestaltung des sozialen Habitus des Menschen als Kombination eines drastischen Individualisierungsschubs mit einer parallel und reaktiv sich entwickelnden neuen Standardisierung der sozialen Lebensformen beschrieben. Die Individualisierung trete als Folge des überproportionalen Anwachsens von Einkommen und erwerbsarbeitsfreier Zeit, des Ausbaus des Dienstleistungssektors, der Bildungsexpansion auf. Durch die damit einhergehende Befreiung der Subjekte aus traditionellen Sozialbeziehungen und ihre Vereinzelung zu individuellen Entscheidungsträgern entstehe ein neues Bedürfnis nach äußeren Orientierungsmöglichkeiten und dadurch eine Abhängigkeit von externen Entscheidungsvorgängen, die von der Konsum- und Erlebnisbranche vereinnahmt werde.

Gerhard Schulze (1992)[6] vertritt die Ansicht, daß mit dem Übergang von einer »Gesellschaftsbildung durch Not« zu einer »Gesellschaftsbildung durch Überfluß« sich der Charakter des individuellen Selbstverhältnisses in dem Sinne verändere, als die Subjekte sich auf ihre Umwelt nicht mehr im Modus des Einwirkens, sondern im Modus des Wählens beziehen. Bereits Simmel[7] hat festgestellt, daß nach dem Wegfall vorgegebener oberster Lebensziele eine zunehmende Ausrichtung der Konzentration auf das psychische Erleben erfolge, die zum Wegweiser individuellen Handelns werde.

Zum Verständnis dieser historischen und gesellschaftlichen Phänomene vermögen meines Erachtens insbesondere die hierarchische Strukturtheorie und das Schichtenmodell von Sigmund Freud – Über-Ich, Ich und Es – beizutragen. Dieses Es-Ich-Über-Ich-Schema, das heute fester und vertrauter Bestandteil des allgemeinen Bildungsgutes ist, gestattet eine differenziertere Beschreibung und Beurteilung der narzißtisch-orientierungslosen Persönlichkeit als bloße soziologische Kategorien, die keine nuancierte Darstellung der Tiefenstrukturen der Psyche liefern.

Narzißtische Charakterstörungen sind die häufigsten psychischen Krankheiten, mit denen es die Psychotherapeuten heute zu tun haben.[8] Unter »Narzißmus« versteht man die Psychologie des Selbst bzw. des Selbstwertgefühls. Die narzißtische Persönlichkeit hat ihr Selbstwertempfinden nicht von ihrer Umgebung getrennt. Ihr Behagen ist ganz von der äußeren Witterung abhängig. Die äußeren Objekte werden als Verlängerung des eigenen Selbst erlebt. Das eigene Wohlbefinden wird daher am äußeren Erfolg abgelesen.

Fehlt dieser Maßstab, hat der Narzißt kein Gefühl eigener Wertigkeit und empfindet nichts als Leere. Ein Patient sagte mir kürzlich: Zum Glück besitze ich Aktien, dann weiß ich wenigstens jederzeit, wie gut es mir geht. Diese symbiotische Verbundenheit bestimmt aber nicht nur die Wahrnehmung, sondern auch die aktive, wirkende Seite der Persönlichkeit.

Diese ist dadurch gekennzeichnet, daß der narzißtische Mensch seine Mitmenschen nicht als von sich unabhängig wahrnimmt und nicht als Zentrum eigener Initiative behandelt. Entsprechend instrumentalisiert er seine Partner, handhabt er sie nach seinen Vorstellungen. Dahinter steckt aber nicht etwa eine bewußte Taktik, sondern dieser Modus der Beziehung ist für ihn eine Selbstverständlichkeit, weil er nichts anderes kennt. Spuren andere nicht nach seinem Willen, erlebt er dies als Funktionsverlust wie jemand, der durch eine Verletzung die Verfügbarkeit eines Armes oder Beines verliert oder dem die Brille, an die er sich gewöhnt hat, abhanden gekommen ist. Er reagiert darauf mit narzißtischer Wut.

Ich erinnere mich an ein Antrittsgespräch, das ich als Assistenzarzt mit dem für die chirurgische Abteilung zuständigen Chefarzt führen mußte. Eine halbe Stunde lang machte er – ein brillanter und äußerst gebildeter Arzt – Ausführungen über die Verhältnisse in der Klinik, die geltenden Richtlinien für die Mitarbeiter, aber auch über Gott und die Welt. Als die vorgesehene Zeit bereits zur Neige gegangen war, beendete er seinen Monolog mit der Frage, ob ich meinerseits noch eine Frage oder Bemerkung anzubringen hätte. Eine halbe Atemlänge später setzte er seine unterbrochene Rede jedoch bereits selber fort mit der Schlußbemerkung: »Also nicht wahr, da haben wir ein sehr interessantes Gespräch miteinander geführt.« Er konnte zwischen Monolog und Dialog nicht unterscheiden. Narzißtische Verbundenheit ist nicht selten auch eine Quelle altruistischer Betriebsamkeit und findet sich beispielsweise oft bei Eltern, die ihren ganzen Ehrgeiz auf das Gedeihen ihrer Kinder setzen und daraus ihren Selbstwert beziehen.

Oft führt narzißtische Verbundenheit auch zu einem Helfersyndrom. Das Selbst ist hier in die anderen projiziert und wird dort gepflegt. Der narzißtische Gärtner löscht mit dem Wasser, mit dem er die Blumen gießt, seinen eigenen Durst. Dieser Mechanismus wird von Kernberg[9] als »projektive Identifikation« beschrieben. Sie besteht darin, daß ein Teil oder ein Aspekt der Psyche in den anderen verlegt und dort nach eigenen Bedürfnissen behandelt, bearbeitet, manipuliert wird. Von diesen psychodynamischen Mechanismen können aber auch nur einzelne Anteile der Psyche betroffen sein – dies ist sogar die Regel.

Der Vorgang der Verlegung einer seelischen Regung in eine andere Person ist ein besonderes Geschehen, das ein allgemeines Merkmal der Beschaffenheit und Funktionsweise der menschlichen Psyche veranschaulicht. Beschrieben werden kann es als Verlegung innerer Verhältnisse nach außen. Unser Intellekt, dem wir als seelischem Repräsentanten unserer Hirnrinde, der bis dato höchsten Errungenschaft biologischer Evolution, eine zentrale Kompetenz für die Regelung unserer Lebensangelegenheiten übertragen, hat nämlich Mühe, in der Innenschau differenzierte Wahrnehmungen zu machen und diese zu verbalisieren.

Wie viele Gefühle und Stimmungen können wir denn schon benennen? Wir sind bald am Ende unseres Lateins. In unserem umgangssprachlichen Vokabular stellen wir eine zum Teil erschreckende Stereotypisierung fest, wenn es darum geht, einen inneren Sachverhalt oder eine innere Stellungnahme auszudrücken. »Ich bin spitz.« – »Scheiße!« – »Das ist megageil.« – »Ich bin betroffen.« Etc. Auch wenn es weniger slangmäßig hergeht, haben wir mit den Ausdrücken

»wütend«, »traurig«, »erfreut«, »fröhlich« … schon bald unseren Sprachschatz ausgeschöpft und bemühen für differenziertere Sprachbilder einen Literaten oder Dichter. Fast grenzenlos erscheint demgegenüber unser Wortgut, wenn wir äußere Dinge beschreiben und bewerten. Wir können sie in ihren Dimensionen – Länge, Gewicht, Höhe, Tiefe, Dauer etc. – sogar präzise messen und den Wert genau bestimmen.

Die Innenwelt ist irrational und absolut, die Außenwelt demgegenüber rational und relativierend. Das Gefühlsleben ist ohne Proportionen, diffus und ohne Konturen. Es ist offenbar zu keinem angemessenen Urteil fähig. Wir erleben im Alltag sehr oft, daß sich ein Gefühl mit völlig unrealistischer Intensität meldet, die uns staunen macht, ja beunruhigt. So nehmen wir bisweilen nach einem Mißgeschick oder einer kleinen Unbill, an die wir im Moment gar nicht denken, ein merkwürdiges Unbehagen an uns wahr, eine unerklärliche Übellaunigkeit und Gereiztheit, die den ganzen, sonst durch nichts getrübten Alltag mit einer uns unbegreiflich erscheinenden Intensität überschatten.

Die Psychologie des Selbst erklärt nur unzureichend das Erscheinungsbild der narzißtisch-orientierungslosen Persönlichkeit, die als typisch für die neueste Zeitepoche gilt. Das Verständnis ihrer Strukturbeschaffenheit setzt eine tiefere Analyse der sogenannten Ich-Instanz voraus. Während das Selbst in einem erweiterten Sinne die »eigene Person« ist, die Gesamtheit der psychischen Niederschläge von Erfahrungen, Bildern, Vorstellungen, Erinnerungen, ist das Ich eine Instanz, die dauernd aktiv ist.

Dem Ich kommt im psychischen Haushalt die Aufgabe zu, einerseits für die Befriedigung der Triebe zu sorgen und andererseits den Erfordernissen und Grenzen der Realität Geltung zu verschaffen. Es vermittelt also zwischen Lustprinzip und Realitätsprinzip. Seine Funktion beinhaltet das bewußte, wache Denken und Urteilen, wobei es sich nach den Regeln der Logik und Zeit richtet, und ist gekennzeichnet durch die Fähigkeit zum Befriedigungsaufschub.

Zur Auseinandersetzung mit der Realität stehen dem Ich Funktionen wie Sinneswahrnehmung, motorische Kontrolle, formale Denkprozesse und Gedächtnis zur Verfügung. Zur Beherrschung der Triebe setzt das Ich sogenannte Abwehrmechanismen ein, die die psychischen, den Trieben zugeordneten Vorstellungen wie Wünsche, Phantasien, Anreize abwehren. Das Ich gewinnt an Kompetenz mit zunehmender Beanspruchung, Erfahrung und Ausbildung – wie ein Muskel, der durch Training größer und stärker wird.

Ein Teil des aktiven Ichs nun ist Bestandteil des passiven Selbst in Form des Ich-selbst. Es ist das Bild, das sich das Ich von sich selbst macht. Das Ich kann durch Arbeit dem Selbst und dessen Unterabteilung Ich-selbst *Wert* zuführen. Im Unterschied zu Werten, die dem Selbst direkt von der Außenwelt zugeführt werden – durch Anerkennung, Lob, Geschenke, Orden etc. – und die einen flüchtigen Charakter haben, werden durch Ich*arbeit* erworbene Werte dem Selbst *definitiv* verbucht. So werden sie Fundament und Garant eines stabilen und beständigen Selbstwertgefühls. Sie haben Seinsqualität und nicht bloß Scheinqualität. Je eigenständiger und origineller Leistungen sind, um so höher ist ihre narzißtische Geltung und Beständigkeit.

Ich hatte vor einigen Jahren zwei 40jährige Universitätsdozenten in Behandlung. Der eine hielt alle seine äußerst originellen Gedanken und Projekte zurück aus Angst, damit Neid und Mißgunst seines Professors zu provozieren, der seine Karriere hätte behindern können. So schrieb er über Jahre eine geistlose, rein kompilatorische Arbeit mit zwanghaftem, sklavischem Fleiß und erreichte dadurch eine Professur und Lebensstellung als Leiter eines Instituts. Seine unoriginelle und fleißige Forschungsarbeit hingegen erhielt zwar einige Preise, war aber von nur geringer Resonanz und geriet auch bald in Vergessenheit.

Der andere verfolgte gegen den Widerstand seines argwöhnischen Arbeitgebers verschiedene sehr einfallsreiche Studien, die er mangels Unterstützung durch den Institutsleiter fremdfinanzieren mußte. Er sah sich dauernd den Schikanen und Restriktionen seines Chefs ausgesetzt. Dieser verhinderte auch durch perfide taktische Schachzüge seine Beförderung und Karriere. Ihm blieb kein anderer Ausweg, als die Stelle zu kündigen. Er war aber durch seine eigengeprägten Arbeiten, die erst einige Jahre später breite Beachtung und sogar internationale Anerkennung fanden und die zuletzt sogar mit der Beförderung an die Spitze einer der bedeutendsten Forschungsstellen verbunden waren, derart bereichert, daß er während der ganzen Durststrecke seiner Kaltstellung nie in eine depressive Verzweiflung verfiel. Demgegenüber entwickelte der ersterwähnte Dozent über Jahre hinweg ein Burn-out mit Symptomen der Lustlosigkeit und wurde trotz einer in quantitativer Hinsicht ansehnlichen Publikationsliste zu einer verhärmten Persönlichkeit.

Zu einer soliden Ich-Struktur gehört auch ein reichhaltiges Arsenal von stabilen inneren Objektbeziehungen. Im Laufe unserer Lebensentwicklung werden die äußeren Objekte –

seien es Eltern oder andere Beziehungspersonen, Autoritäts-
figuren und Vorbilder wie Lehrer und Pfarrer – insbesondere
auch deren Eigenschaften und Werthaltungen verinnerlicht.
Sie »möblieren« quasi unseren psychischen Haushalt. Diese
»Einrichtung« wird – insbesondere wegen ihres lastenden
Gewichtes – zum festen und meistens definitiven Bestandteil
unserer privaten Welt und bildet oft über Jahrzehnte, ja bis
zum Lebensende *die* vertraute Umgebung.

Eine ichstarke, gereifte Person verfügt in der Regel über
ein reiches Innenleben mit stabilen Objektrepräsentanzen,
während eine narzißtisch-orientierungslose Persönlichkeit in
ihren Objektbeziehungen von der Hand in den Mund lebt
und die fehlenden oder flauen inneren Objekte durch immer
wieder neue äußere Objekte ersetzen muß. Als Folge der fehlenden Objektkonstanz und -stabilität ist der moderne Neu-
rotiker ichbrüchig.

Christopher Lasch (1979) beschrieb die Veränderung der
Psychopathologie unter Bezugnahme auf die ihm zugängli-
che klinisch-psychologische Literatur, vor allem von Heinz
Kohut[10]: »In den letzten fünfundzwanzig Jahren ist der
Patient, der den Psychiater nicht mehr mit scharf umrissenen
Symptomen, sondern mit diffusen Verstimmungen konfrontiert, immer häufiger geworden. Er leidet nicht mehr an auf-
reibenden Fixierungen oder Phobien oder an der Konversion
verdrängter sexueller Energien in nervösen Störungen, statt
dessen klagt er über ›vage, diffuse Unzufriedenheit mit dem
Leben‹ und empfindet ›sein formloses Dasein als sinnlos und
ohne Ziel‹. Er beschreibt ›subtil wahrgenommene und dennoch intensive Gefühle der Leere und Depression‹, ›heftige
Schwankungen seines Selbstwertgefühls‹ und eine ›allgemei-

ne Unfähigkeit, mit dem Leben zurechtzukommen‹. Ein ›erhöhtes Selbstwertgefühl‹ kann er nur dann haben, wenn er sich mit ›starken, bewunderten Gestalten‹ verbindet, nach deren ›Zuwendung und Unterstützung‹ er sich sehnt. Auch wenn er seinen Alltagsverpflichtungen nachkommt und sich sogar auszeichnet, bleibt ihm das Erlebnis des Glücks versagt, und das Dasein erscheint ihm häufig nicht lebenswert ... Häufig leiden diese Patienten an Hypochondrie und klagen über ein Gefühl innerer Leere. Zugleich unterhalten sie Phantasien eigener Allmacht und die feste Überzeugung, andere ausbeuten zu dürfen und ein Recht auf die Erfüllung der eigenen Wünsche zu haben. Im Über-Ich dieser Patienten überwiegen archaische, strafende und sadistische Elemente, und sie fügen sich gesellschaftlichen Regeln mehr aus Angst vor Strafe als aus Schuldgefühlen.«[11]

Sennet (1974) beschreibt das Bild der narzißtischen Störung: »Der Narzißmus im klinischen Verständnis meint etwas anderes als die geläufige Vorstellung vom Verliebtsein in die eigene Schönheit; strenger gefaßt, als Charakterstörung, bezeichnet er eine Selbstbezogenheit, die nicht mehr zu erkennen vermag, was zur Sphäre des Selbst und der Selbst-Gratifikation gehört und was nicht. Zum Narzißmus gehört die bohrende Frage, was diese Person, dieses Ereignis ›für mich bedeuten‹.«[12]

Der Narzißt fristet sein Dasein in dem Beziehungsfeld von lechzendem Selbst und den sich fortwährend entwertenden (Selbst-)Objekten und nicht im kreativen Spannungsverhältnis zwischen einem Ich und einer von diesem losgelösten Objektwelt. Woody Allen, ingeniöser Parodist psychologischer Klischees und der illusionslosen Selbstbezogenheit, stellte in seinem Film *Der Stadtneurotiker* auf selbstironische Weise diesen Narzißten dar. Direkt zum Publikum gerichtet spricht er sein Statement aus: »Ich würde nie einem Verein beitreten, der mich als Mitglied aufnimmt.« Die Flüchtigkeit und Beliebigkeit der Objektwahl demonstriert er etwa in dem Versuch der Kontaktaufnahme mit einer Frau, die vor ihm in der Warteschlange vor der Kinokasse steht: Was sie am Samstagabend vorhabe? Antwort: »Ich werde Suizid begehen.« Darauf er prompt: »Und was machen Sie am Freitagabend?«

Die defizitäre Selbst-Verselbständigung, die mangelhafte Abgrenzung des Selbst vom Umfeld, bringt narzißtische Beziehungsmuster verschiedener Spielarten hervor. Eine Variante ist die zwanghafte Beschäftigung mit dem eigenen Erscheinungsbild. Diese narzißtische Besetzungsmanie des eigenen Körpers läßt sich an zahlreichen »Alltagsbräuchen« erkennen: Vorbeugemaßnahmen gegen Alterserscheinungen; übertriebene Sorge um die Linie, extensiv betriebene Hygiene; Bodybuilding-Kult; Pflegeriten wie Massage, Sauna, Sport, Solarium, Diätetik.[13]

Diese penetrante Beschäftigung mit dem Körper ist meines Erachtens eine Intoleranz dem Körper als einem autonomen Objekt gegenüber, das autonom funktioniert, sich vom Selbst unabhängig macht und seine eigenen zum Teil unvorhergesehenen Signale sendet. Der Narzißt nimmt dem Körper gegenüber den Herr-im-Haus-Standpunkt ein und gesteht ihm keinen Freiraum eigener Entwicklung zu.

Eine andere Form der Selbstbehandlung sind die Ergebenheit an Idole und der Star-Rummel. In seiner Leere und Bedeutungslosigkeit versucht der Narzißt, sich am Glanz des Idols zu wärmen. Der Star-Rummel, der von Medien systematisch gezüchtet wird, steigert narzißtische Träume von Ruhm und Ehre. Grandiositätswünsche werden durch die identifikatorische Anlehnung und Teilhabe an der Größe der Großen erfüllt.

Der narzißtische, ichschwache Menschentypus ist das Persönlichkeitsmodell, das der »Amerikanismus« kreiert hat. Der Zustand wachsender Orientierungslosigkeit und Fragmentierung des innerlich verflachten Individuums, das aus den kommunikativen Bindungen traditionsgestützter Lebensstile herausgelöst ist, macht dieses anfällig für mangelnde Unterscheidungsfähigkeit zwischen Realität und Fiktionen und für die imitatorische Annahme medial aufbereiteter und vorgefertigter Existenzstile. Es wird zu einem zusammengestückelten Fertigprodukte-Subjekt. Weil es des Rückhalts einer historisch gewachsenen Regionalkultur entbehrt, ist es schonungslos der Übermacht einer global gestreuten Bilderflut ausgesetzt, die es zur Simulierung uneigentlicher Lebensstile anhält. Anstelle eigener Selbstverwirklichung lebt es eine Biographie, die medial erzeugt und ästhetisch organisiert ist.

9.
Der Wandel der Expressivität

Neulich sagte mir eine durch die modischen Eskapaden ihrer zahlreichen Enkel und Urenkel offensichtlich irritierte und überforderte Großmutter in einer Anwandlung resignativen und einsichtigen Philosophierens: »Na ja, der Zeitgeist ändert sich heute minütlich, er wird verkauft wie frische Semmeln.« So weit ist es noch nicht. Aber ein sechzigjähriger Vater kann seinem zwanzigjährigen Sohn allerhand erzählen über die gänzlich anderen Sitten und Lebensgewohnheiten in seiner eigenen Jugendzeit. Die Beschleunigung aller Lebensphänomene führt zweifellos auch zu einem schnelleren Wechsel von Lebensgewohnheiten und Mentalitäten.

Der Geist unserer Zeit tut sich vor allem in dem Maß und der Form kund, in welcher in der Öffentlichkeit Gefühle und die dazugehörigen Inhalte behandelt werden. Über die Art der Handhabung und des Ausdrucks von Gefühlen vermag vor allem die psychoanalytische Theorie und Charakterlehre Auskunft zu geben. Sie unterscheidet zwischen zwei einander polar gegenüberstehenden Formen der Bewältigung: dem hysterischen Charaktertypus, der das Gefühl oft dramatisch zum Ausdruck bringt, aber den dazugehörigen Inhalt unterdrückt. Und dem zwanghaften Typus, der den Inhalt, oft minutiös genau, ausdrückt, aber die dazugehörigen Gefühle verdrängt.

Die hysterische Persönlichkeit wirkt entsprechend gefühlsbetont, überschwenglich, schillernd, ausdrucksstark, macht viel Lärm um nichts, zeigt viel Schein ohne Sein. Der zwanghafte Zeitgenosse dagegen ist sehr konkret und substantiell in seinen Verlautbarungen, aber gefühlsverhalten und kontrolliert, nüchtern und unterkühlt im Affekt, undramatisch, macht wenig Lärm um vieles. Er versteckt seine Gefühle, indem er sie schlicht isoliert, was sich in einem gefühlskalten, rein faktenorientierten Ausdrucksstil äußert. Eine freudige Überraschung wie eine Geburt, einen Sieg, einen Gewinn teilt er ohne jedes Anzeichen von Freude oder ein tragisches Ereignis ohne Ausdruck von Trauer oder Wut mit, sondern in emotionslosem, objektivem Berichtsstil. Gefühle bringt er auf unspontane, formelle und umständliche Weise zum Ausdruck. Eine Variante der zwanghaften Gefühlssteuerung ist die Verkehrung ins Gegenteil, indem traurige oder enttäuschende Vorkommnisse mit munterem Affekt berichtet werden oder beim Aufkommen von aggressiven Gefühlen der Ton der Höflichkeit verstärkt oder die Lautstärke etwas vermindert wird.

Diese gewöhnlich unbewußten, als fest eingespielte Mechanismen automatisch ablaufenden verschiedenartigen Umgangsweisen mit den eigenen Gefühlen stehen im Dienste einer Angstbewältigung und Konfliktvermeidung.

Es ist nicht nur das Handling der Gefühle, sondern auch der dazugehörigen Themen, das sowohl beim Individuum als auch bei einer Gruppe oder einem größeren Kollektiv eine Haltung konstituiert, die den Charakter, den Zeitgeist, den sozialen Habitus formt. Dazu gehört auch die Frage, welche Themen in einem bestimmten sozialen Umfeld angesprochen werden dürfen oder tunlichst zu vermeiden sind und unter welchen Voraussetzungen.

Eine zentrale, für das Verständnis des Zeitgeistes wichtige Frage ist, ob die Selbstdarstellung und das Vorbringen eigener Ansprüche in einem persönlich-individuellen oder in einem formalistisch-konventionellen Stil erfolgen.

Das Kommunikationszeitalter des 20. Jahrhunderts hat das Verständnis der Persönlichkeit als einmalig und einzigartig aus dem 19. Jahrhundert übernommen. Es hat den Fokus auf das innere Sein beibehalten, aber die Intimität ins Schaufenster gestellt. In den entwickelten reichen Ländern des Westens trat eine Ästhetisierung der Lebenswelt ein. Das Kommunikationszeitalter gestaltet seinen Alltag nicht mehr zweckorientiert, sondern ästhetisch, stilisiert seine Lebensvollzüge in den unterschiedlichsten Formen und weist sich mit solchen Stilmerkmalen aus.[1]

Mit der epochalen Umstellung auf das Ziel der Erlebnissteigerung bildete sich ein neuer Stil der kollektiven Funktionsweise aus: Die Subjekte sind nicht mehr in hierarchisch gegliederten Berufsschichten integriert, sondern in disparat nebeneinanderbestehenden Lebensmilieus versammelt, die keinem anderen Zweck als der kommunikativen Anvisierung und Verwirklichung der jeweiligen Erlebnisziele dienen.[2]

Selbstverwirklichung und Achtung vor der subjektiven Singularität und Einzigartigkeit der Persönlichkeit stehen im Zentrum der Aufmerksamkeit. An die Stelle des politisch verantwortlichen Menschen ist der psychologische Mensch getreten, der auf der unermüdlichen Suche nach seinem wahren Wesen ist und an der Steigerung seines Wohlbefindens arbeitet.[3] Er ist herausgelöst aus dem Bewußtsein und Gefühl einer historischen Kontinuität und ganz dem Augenblicksdenken, erweitert um ein bißchen Zukunft und eine ganze

Ewigkeit, verhaftet. Von hundertzwanzig meiner Patienten unter Dreißig wußten nur fünfzehn über den Beruf ihrer Großeltern Bescheid. Das Mehrgenerationenbewußtsein ist verschwunden.

So wie der Geschichtssinn verödet, sind auch die gesellschaftliche Verbindlichkeit und Autorität der Auflösung anheimgefallen. War etwa das Wort eines Lehrers in den 60er Jahren noch verbindlich, so stehen sein Diktum und Einfluß heute ohne spezifische und höhere Geltung inmitten eines Meers von Informationen und Leitbildern, die auf die Schüler von allen Seiten einwirken. Haben und Sein haben Lernen und Tun verdrängt.

Habermas (1985) hat den Verlust der inneren Stabilität charakterisiert: »Die Gegenwart verstetigt den Bruch mit der Vergangenheit als kontinuierliche Erneuerung. Exemplarische Vergangenheiten, an denen sich die Gegenwart unbedenklich orientieren könnte, sind verblaßt ... Die Entwertung exemplarischer Vergangenheit und der Zwang, den eigenen, den modernen Erfahrungen und Lebensformen normativ gehaltvolle Prinzipien abzugewinnen, erklärt die veränderte Struktur des ›Zeitgeistes‹.«[4]

Sennetts Ansicht, daß heute die Intimität sozusagen am Dirigentenpult stehe und den Ton angebe, geht mit seiner Besorgnis um den Verfall des politischen Bewußtseins einher. Politik wird nicht mehr nach den sachlichen Interessenlagen und objektivierten Zusammenhängen betrieben, sondern immer mehr nach dem Maßstab der Intimität und symbolischer Innerlichkeitshinweise. Die Besessenheit von der Intimität regiert die politischen Auseinandersetzungen. Soziale Beziehungen und Postulate sind um so relevanter, je näher sie den inneren psychischen Bedürfnissen des einzelnen kommen,[5] und Verlautbarungen und Programme sind um so glaubwürdiger, je mehr sie einen human touch aufweisen und Einblick in die heile oder traumatische Sphäre der alltäglichen Innenwelt gewähren.

Für die Akzeptanz des heutigen Spitzenpolitikers ist es mindestens so wichtig, daß er mitteilt, daß er seine Socken selber wasche, daß er mit seinen Enkelkindern Fußball spiele oder daß er bei einer Fernsehveranstaltung vor einem Millionenpublikum Mundharmonika spiele als daß er eine differenzierte Stellungnahme zur Landwirtschaftspolitik oder zum Bildungswesen abgibt. Ein Politiker, der sich in Zürich um ein höheres Amt beworben hatte und im Vorfeld der Volksabstimmung sich an einer wahlentscheidenden Diskussionsrunde im Lokalfernsehen beteiligen mußte, sagte mir vorher zeitgeistbewußt: »Es ist egal, was ich sage, Hauptsache ist, daß ich ein bißchen Gefühle zeige.«

Es spielt dabei möglicherweise gar keine Rolle, *welche* Gefühle der Politiker zeigt, wichtig ist nur, *daß* er Gefühle zeigt, daß er expressiv dartut, welch Geistes Kind er ist. Sogar wenn er entschieden den Einblick in sein Gefühlsleben und das Spiel mit der Gefühlsduselei verweigert, erfüllt er die Zeitgeistforderung, indem er sein Verhältnis zur Intimität klarstellt. Er gewinnt damit als sachlicher und nüchterner, stabiler und vertrauenswürdiger Kandidat alle Sympathien. Hauptsache ist, daß er diese seine Haltung in einem zeitgeistgemäßen Gefühlsmedium demonstriert und nicht im Abseits einer unbeachteten Sachsendung. Er muß jedoch dem Psychologisierungsbedürfnis des Publikums in irgendeiner Weise entgegenkommen.

Das präindustrielle Zeitalter (bis Mitte des 19. Jahrhunderts) hat Intimität nicht »gekannt« bzw. vollständig verdrängt und eine ausschließlich formalistisch-konventionelle Expressivität, Theatralik und Öffentlichkeit gelebt, die etwa dem heutigen ritualisierten Stil von Parlamentsdebatten entspricht. Das industrielle Zeitalter (ab Mitte des 19. Jahrhunderts) entdeckte und versteckte die Intimität. Dies führte zu einer Rollenaufteilung mit einer passiv-voyeuristischen Publikumshaltung und einer aktiv-schauspielerischen Führertheatralik, an welche die eigene verdrängte Emotionalität delegiert und in welcher sie dann gespiegelt war. Das isovalente kommunikative Zeitalter (ab Mitte des 20. Jahrhunderts) hat die Intimität voll herausgekehrt und einen eigentlichen Intimitätsexhibitionismus entwickelt, der zum Maßstab der Glaubwürdigkeit wurde.

Ende des 20. Jahrhunderts kam eine Expressivitätswelle auf, die dem Motto folgte: »Körper machen Leute.« Sie breitete sich zuerst in geschlossenen Gesellschaften, dann in Street-Paraden global vor den Augen des internationalen Fernsehpublikums über den ganzen Erdball aus. Sie wurde getragen von Tönen, die sich als musikalische Leitplanken für den rechten Zeitgeist neu positionierten.

Was in den 50er Jahren des vergangenen Jahrhunderts Rock'n'Roll, in den 60er Jahren der Beat, in den 70ern Punk, in den 80ern New Wave war, waren in den 90er Jahren House und Techno. Inzwischen ist Techno die führende Zeitgeistmusik geworden. Sie entspricht der Ideologie des lean management: Sie erfordert wenig Personal und Investitionen, an Produktionsmitteln notwenig sind bloß eine Rhythmusbox, ein Sampler und ein Dat-Gerät.

Seit Punk hat keine Musik mehr in Europa so viele Jugendliche auf die Beine gebracht und direkten Einfluß auf ihr Leben genommen wie Techno. Die Techno-Szene zelebriert das Wir-Gefühl, sie trifft das Lebensgefühl einer Generation, die sich mit den herrschenden politischen und gesellschaftlichen Umständen abgefunden hat und im Gegensatz zu früheren Jugend- und Musikbewegungen nicht protestiert.

Am Samstag wird auf einer Party der Alltag, der bei den meisten Ravern normal und angepaßt abläuft, für eine Nacht vergessen. Vor allem in den Metropolen Europas wird der Leistungsgesellschaft und zunehmenden Vereinzelung das gemeinsame Rauschgefühl einer Party, das nächtelange Tanzen und Sich-Verlieren in der Musik entgegengesetzt. Hedonismus ist die Maxime der Szene.

Die Techno-Partys sind aber auch ohne programmatischen Protest ein Aufbegehren gegen Standards des Bisherigen oder vielmehr Ausdruck davon, daß diese sich überlebt haben und neuen Formen der Selbstdarstellung Platz machen. Dance-Partys stehen als Modell einer Kultur mit hohem Maß an Regelfreiheit und Toleranz. Man kann sich schrill oder bieder kleiden, so oder anders tanzen, sich exhibitionistisch aufplustern oder als Mauerblümchen dunkle Ecken suchen. Es gibt keinen verbindlichen Verhaltenskodex, kein Gefühl von Peinlichkeit.

Die Techno-Anhänger glauben nicht, daß sie die bestehende Welt verändern können, und bauen eine in ihrer Kultur und ihren Werten eigene Welt auf: eine Gesellschaft ohne Grenzen, Diskriminierungen, Tabus, Gewalt und Haß, eine bunte Einheit der Liebe. Im Unterschied zu den Gegenbewegungen der 68er und 80er Jugend ist sie eine »Für«-Bewegung. Sie ist nicht gegen den Staat, die bürgerliche Kultur oder die Besitzverhältnisse, sie läßt die Symbole des Establishments in Ruhe. Sie ist zuerst und vor allem sie selbst. Es fehlt das politische Programm. Die Musik ist die Botschaft. Die Techno-Bewegung hat keine Idole, keine politischen Inhalte – so kommen keine Spannungen auf. Man kommt, konsumiert, geht. Techno-Anhänger sehen im Kommerz keinen Verrat.

Die Street-Parade als eine ins Gigantische gesteigerte Techno-Party hat sich zum Karneval der Körperkultur entwickelt. Das Anliegen ist die Inszenierung des Körpers, der in der Arbeitswelt als physische Kraft weitgehend verschwunden ist, der als Freizeitkörper vermehrt gefordert und gefördert wird, gehätschelt, gepflegt und gestaltet.

In einer Zeit, in der die Kirchen als Identitätsspender an Bedeutung verlieren und der Glaube die Gewährleistung kollektiver Erfahrung, kultischer Erlebnisse und religiöser Ekstase nicht mehr bietet, wird die Religion in einer l'art-pour-l'art-Form selbstzweckhaft ersetzt. Der Körper ist in diesem Verständnis Rohstoff, den es zu kultivieren gilt. So ist Techno eine hinreißende, nahezu unwiderstehlich auftretende Massenbewegung mit der Jugend als Avantgarde, mit dem darin zum Ausdruck gelangenden Verständnis, Körper zu sein, nichts als Körper.

Darin kommen die geheimsten Wünsche zum Vorschein, der Traum von ewiger Jugend »forever young«, nie erwachsen sein zu müssen, immer Spaß zu haben, noch alles und jedes werden zu können, nie zu ermüden, immer fit zu sein, stets bewegt und unverwundbar.

Die Expressivität ist die Außenseite der Emotionalität, die nach außen gewendete Gefühlswelt des Individuums. Sie verweist auf die tiefenpsychologisch erfaßbaren inneren Vorgänge, die den öffentlichen Menschen bestimmen, und schafft das Verhältnis von Privatsphäre zur Öffentlichkeit. Sie entsteht aus der Triebdynamik von Seh- und Zeigelust und der dadurch evozierten Scham- und Schuldgefühle. Diese Zusammenhänge werden in den folgenden drei Kapiteln dargestellt.

10.
Öffentlichkeit und Privatsphäre

Die Bedeutung des Wortes »privat« deckt sich nicht mit jener von »intim«, ist aber im Sprachgebrauch oft ein Verweis auf Intimes. »Privat« beinhaltet die Vorstellung von Alleinsein, In-Ruhe-gelassen-Werden, Befriedigung von Trieb- oder körperlichen Bedürfnissen wie Hygiene, Verrichtung von Notdurft, nicht zuletzt auch das Führen von Gesprächen oder Hingabe an Beschäftigungen, Pflege von Lebensgewohnheiten, die andere nichts angehen. Das französische Verb »priver« hat in deutscher Sprache die Bedeutung »rauben«. Geraubt wird der Allgemeinheit ein Stück Öffentlichkeit. »Privat« ist der äußere Aspekt jenes Lebensbereichs, der Gefühle wie Aggressionen, Scham und Angst schützt. Privatheit ist so gewissermaßen der Gartenzaun, die Hausmauer, Intimität die dahinter verborgenliegende Gefühlssphäre.

Norbert Elias vertritt die Ansicht, daß die Entstehung einer Privatsphäre, die Scheidung des Raumes in »eine intime oder heimliche Sphäre und eine öffentliche Sphäre« erst ein relativ spätes Produkt des Zivilisationsprozesses sei und daß die körperlichen Funktionen – Defäkation, Körpergeräusche, Nacktheit, Sexualität – erst zu Beginn der Neuzeit als peinlich empfunden und deshalb »hinter die Kulissen des gesellschaftlichen Lebens verlegt« worden seien.[1]

Die Privatsphäre ist nicht nur das Réduit, das Revier, aus dem man sich von einer belastenden oder gar belästigenden

Öffentlichkeit absondern kann. Sie ist auch ein Bereich, der einen Status repräsentiert, der sich durch Reichtum, Luxus, aber auch persönlichen Geschmack darstellt und ganz einfach durch die Tatsache der eigenen Zuständigkeit für dieses Reich des Eigenen. Man ist ganz Herr im eigenen Haus, wie es auch das englische Sprichwort »My home is my castle« besagt. Die private Sphäre kann aber auch überwiegend negativ besetzt sein und nicht eine Oase der Ruhe, sondern der Langeweile und mangelnden Sinnerfüllung sein.

»Öffentlichkeit« ist einerseits in die politische und publikumsorientierte, anderseits in die mediale Öffentlichkeit zu gliedern. Mit der politischen sind hier Institutionen wie Parlament, Gerichte und andere Gremien und Einrichtungen, die ein Publikum »bedienen«, gemeint. Für alle im Auftrag der oder mit Blick auf die Öffentlichkeit arbeitenden Berufsgruppen ist eine obligatorische von einer fakultativen Öffentlichkeitspräsenz zu unterscheiden. Die Pressekonferenz eines Stadtrates oder eines Verwaltungsrates, das Inserat eines Konzertveranstalters, das Interview eines Ministers oder Sportveranstalters sind unverzichtbare Öffentlichkeitsaktivitäten und integrierender Bestandteil der Berufsausübung. Zusätzliche Teilnahme an Talk-Sendungen etc. sind als fakultativ einzustufen.

Was privat ist, zirkuliert in der Öffentlichkeit gerne in Form von Klatsch. »Klatsch heißt anderer Leute Sünden beichten«, schreibt Wilhelm Busch.[2] Klatsch bezieht einen wesentlichen Teil seiner Energie aus der Spannung zwischen dem, was eine Person öffentlich kundtut, und dem, was sie als ihre Privatangelegenheit zu verbergen sucht.[3]

Als Teilnehmer am Klatsch kommen grundsätzlich alle

Mitglieder einer Gesellschaft in Frage. Doch gibt es Gruppierungen und Gesprächszirkel, die als besonders aktiv im Verbreiten von Klatsch gelten: Frauen und alte Menschen.

Als Entstehungsort des Ausdrucks »Klatsch« gilt das gemeinsame Wäschewaschen der Frauen. Bei der Arbeit der »Waschweiber« entstanden klatschende Schläge, wenn diese mit dem Waschbleuel die eingeweichte Wäsche klopften und bearbeiteten, um die Schmutzflecken zu entfernen. Bei dieser recht eintönigen Arbeit vertrieben sich die Frauen die Zeit mit Austausch von Neuigkeiten und Meinungen. Der Umgang mit Leib- und Bettwäsche und den verräterischen Flecken, abgewetzten Stellen und Löchern brachte sie dabei fortwährend auf Spuren der Privat- und Intimsphäre.

Der Ursprung des Klatschs wird auch durch den Ausdruck »Kaffeeklatsch« als eine Art soziale Einrichtung der Freizeitbewältigung und des Zeitvertreibs offenbar. Im 16. Jahrhundert tauchten in Europa die ersten Kaffeehäuser auf, die sowohl als Geschäftslokale dienten als auch – in einer Zeit noch unbekannter Tagespresse im heutigen Sinne – wichtige Kommunikationszentren waren. Sie weckten damals, weil sie eine Art außerhäuslicher Aufenthaltsstätte der Männer waren, das Mißtrauen und den Widerstand der Frauen. Mit dem Einzug des Kaffees in die private Sphäre des bürgerlichen Haushalts bildeten die Frauen nach dem Modell der männlichen Kaffeehauskultur ihre eigenen Gesprächszirkel, was der Ursprung des »Kaffeekränzchens« – später dann auch in den Kaffeehäusern – war und einen durchaus ungeniert-offenen Status hatte.

Gegenstand von Klatsch sind beobachtete, übermittelte oder vermutete Geschichten über persönliche Eigenarten,

Idiosynkrasien, besondere Vorkommnisse wie blamable Fehltritte, Mißgeschicke, Niederlagen, aber auch besondere Erfolgserlebnisse. Der Klatsch hat verschiedene Zwecke, insbesondere den der Unterhaltung, der Befriedigung von Neugierde, aber auch den, die Einstellung der andern zum Klatschopfer zu beeinflussen. Er ist ein beliebtes Mittel des Mobbings. Klatsch ist denn immer schon verpönt gewesen.

Es ist sinnvoll, zu unterscheiden zwischen Klatsch, der um des Klatschs willen, ohne Auswirkungen auf die persönlichen »politischen« Verhältnisse der Opfer, gepflegt wird, und jenem, der diese existentiell beeinträchtigt. Während erstere Form von den Opfern, Prominenten etwa, kaum wahrgenommen wird, ist letztere gefürchtet, weil sie soziales Ansehen, Rang und Stellung bis hin zu den ökonomischen Verhältnissen beschädigen oder gar vernichten kann.

Der Klatsch bringt vor allem das persönliche Geheimhaltungskonzept des Opfers durcheinander und wird daher bedrohlich. Es bedroht vor allem das Bild, das das Opfer von sich selbst verinnerlicht hat und mit sich trägt.

Der Mensch lebt mit verschiedenen Bildern seiner Persönlichkeit: 1. mit einem Bild, das er von sich selbst hat; 2. mit jenem unvollständigen und verfälschten, das er von sich nach außen zeigt; und 3. mit jenem, das sich andere von ihm machen. Drei Bilder also: 1. das *innere*, 2. das *außengewandte* und 3. das *äußere* Bild. Von allen diesen drei Bildern gibt es eine wahre und eine falsche/verfälschte Variante. Entsprechend gibt es verschiedene Spannungs- oder Harmonieverhältnisse, auf die sich das Ich des Individuums eingerichtet hat.

Der Klatsch führt zu einer *Umstrukturierung des äußeren Bildes*, was vom Ich ein neues Management verlangt, um die verschiedenen Wunsch- und Realbilder in ein akzeptables Verhältnis zueinander zu bringen. Klatsch stellt also eine dauernde Bedrohung für den Bestand der eigenen Innen-Außen-Dreierbildkombination dar. Der Ausdruck »gefürchtetes Klatschmaul« bringt diese Angst zum Ausdruck.

Wir rechnen im täglichen Umgang mit unseren Mitmenschen mit einer gewissen verläßlichen Diskretion und Rücksichtnahme auf die Unantastbarkeit der Bilder, die das Resultat von spezifischen, von Ängsten bestimmten interaktiven Verdrängungsleistungen sind. Menschen, die dieser Erwartung nicht entsprechen und einen direkten und unverblümten Umgang mit der Wahrheit pflegen, weichen wir aus, oder wir versuchen sie von uns und auch aus unserer Umgebung möglichst fernzuhalten.

Die Grenzlinie zwischen privat und öffentlich ist die Markationslinie des Ich. Diese Markationslinie besteht genauer betrachtet aus zwei Ichgrenzen, einer äußeren zur Realität und einer inneren zum Unbewußten. In Bedrängnis geraten kann das Ich sowohl von der äußeren als auch von der inneren Öffentlichkeit her.

Vor einigen Jahren nahm ich an einer Fortbildung eines Institutes für Ehe und Familie teil. Dieses hatte einen renommierten, für integrative Ehe- und Familientherapie mit ethischem Akzent spezialisierten Psychologen aus den USA eingeladen, der, hinter einem Einwegspiegel von einem größeren Publikum getrennt, ein Ehepaar interviewte. Am Tag darauf wurde ich als diensttuender Notfallpsychiater zu einer Frau gerufen, die in einen angetrieben-paranoiden Zustand geraten war und sich, wie sie sagte, »von der ganzen Psycho-Öffentlichkeit beobachtet und bestohlen fühlte«. Ich erkannte in ihr das Demonstrationsobjekt des weltbekannten amerikanischen Professors vom Tag zuvor. Sie war offensichtlich durch die Vorführung gegenüber einem ihr verborgenen Publikum tief verunsichert und in ihrem Ich-Gefüge erschüttert worden und dadurch innerhalb weniger Stunden in einen krankhaften Zustand gesteigerter Beeinträchtigungshaltung geglitten.

Im Gegensatz zum Klatsch kommt der anonyme Brief ganz aus dem Dunkeln. Mit dem Voyeur teilt der anonyme Briefschreiber – und auch der anonyme Anrufer – die Absicht, unerkannt zu seinem Ziel zu gelangen. Seine Absicht ist bei ihm aber nicht bloß rezeptiver, sondern aktiver Natur. Unerkannt will er nämlich Wirkung erzielen.

Immerhin bedeutet Anonymität, daß der Autor/Anrufer sich der Unschicklichkeit seiner Aggressivität bewußt ist. Dieses Unrechtbewußtsein ist also Hinweis auf eine bis zu einem gewissen Grad erhaltene moralische Intaktheit. Es unterscheidet sich von der Enthemmung eines überhandnehmenden Boulevardjournalismus, der die Würde seiner Opfer ohne Scheu in aller Öffentlichkeit mit Füßen tritt.

11.
Exhibitionismus und Voyeurismus

Nach Huizinga (1938)[1] hat das Spiel im wesentlichen zwei Funktionen. Es sei entweder ein Kampf um etwas oder eine Darstellung von etwas. Die Darstellung bestehe weitgehend darin, daß man etwas natürlich Gegebenes Zuschauern vorführe. Er nennt das Beispiel des Pfaus und des Truthahns, welche die Pracht ihres Gefieders ihren Weibchen zur Schau stellen, wobei das zur Bewunderung Vorführen bereits von etwas Ungewöhnlichem, höchst Besonderem zeuge. Macht der Vogel darüber hinaus Tanzschritte, dann ist es eine Vorstellung, ein Heraustreten aus der gewöhnlichen Wirklichkeit.[2]

Huizinga sagt mit dieser Feststellung, daß ein exhibitionistischer Trieb bereits in der Natur walte und nicht auf die Kultur gewartet habe, daß er sich geltend machen darf. Man darf annehmen, daß wenn die Natur schon das Auge geschaffen hat, sie auch etwas *für* das Auge geschaffen hat, daß ein Darstellungszweck naturimmanent ist. Die Dinge sind geschaffen, daß sie von den Sinnesorganen – Gehör, Gesichts-, Tast-, Geschmacks- und Geruchssinn – abgeholt werden. Dieser Darstellungswunsch ist auch der menschlichen Natur eigen.

Wir verwenden im Alltag oft den Ausdruck »sich produzieren«, z. B. für das Gebaren der Kinder, ein Rad zu schlagen oder Grimassen zu schneiden. Die meisten Tätigkeiten haben einen kommunikativen Bezug und einen natürlichen Drang, an die Aufmerksamkeit zu appellieren. Ein Produkt wird hergestellt, damit es beachtet und gekauft wird. Für jeden Fabrikanten von Gebrauchsgegenständen trifft dies zu, ebenso für einen Gärtner oder Architekten oder Geigenbauer. Wer produziert, produziert auch sich.

Christopher Lasch (1979) sieht auch im Sport eine mit der Zurschaustellung eng, ja unweigerlich verbundene Disziplin: »Wer bestimmte Fertigkeiten erlangt, will sie auch zeigen; das liegt in der Natur der Sache. Auf einer höheren Ebene der Meisterschaft liegt dem Ausübenden nicht mehr nur daran, seine Virtuosität zur Schau zu stellen …, sondern er arbeitet darauf hin, ein Äußerstes an Leistung zustande zu bringen, Vergnügen zu bereiten, zwischen sich und den Zuschauern eine Verbindung herzustellen, die in der gemeinsamen Wertschätzung eines Rituals besteht, welches fehlerlos, mit tiefem Einfühlungsvermögen und einem Sinn für Stil und Proportionen ausgeführt wird.«[3]

Zeigen und sehen sind elementare Modalitäten der Bezogenheit. Sie können aber individuell oder auch von einzelnen Menschengruppen in verschiedenen Gesellschaftsschichten und Zeitepochen unterschiedlich entwickelt und besetzt sein. Manche Menschen haben vorwiegend akustisch, andere vorwiegend visuell orientierte Merkfähigkeits- und Gedächtnisfunktionen ausgebildet. Patrick Süskind[4] hat mit seinem Erfolgsroman *Das Parfüm* die originelle Geschichte eines Menschen erzählt, dessen Orientierung und Sich-Zurechtfinden im Leben auf einem außerordentlich differenzierten Geruchssinn basiert, der ihm gestattet, so deutlich zwischen Gerüchen zu unterscheiden, daß ihm eine immens vielfältige Geruchslandschaft zu Füßen liegt.

Die Sinnesorgane sind die Schaltstellen zwischen innen und außen. Sie bringen die Bilder (Seh-, Klang-, Geruchs-, Geschmacks-, Tastbilder) von außen in das innere des Nervensystems, wo sie gespeichert und verarbeitet werden, kognitiv als Erkenntnis und emotional als innere Gefühlsregung. Durch motorische Abläufe und Manifestationen wie Reden, Schreiben, Zeigen, Erröten, Zusammenzucken usf. können sie wieder nach außen treten. Die Sinnesorgane, vor allem Auge und Ohr, sind die rezeptiven Funktionsträger des sozialen Lebens. Was man sieht und hört, gelangt zu sozialer Wirkung durch das, was man zeigt und sagt.

Der Voyeurismus als klinisches Phänomen läßt sich entsprechend den Entwicklungsstufen des Menschen verschiedenen Modalitäten des Sehens zuordnen und auf verschiedene Motive zurückführen.

In der oralen-cutanen Phase der kindlichen Entwicklung (erstes Halbjahr nach der Geburt) dominiert die Qualität der Geborgenheit und des Umsorgtseins. Das Gesicht der Mutter, die Farbe der Bettwäsche, der Milch, alle diese Bilder, welche mit dem Erlebnis des körperlichen Behagens verbunden sind, geben dem Sehen die Erlebnisqualität von Urvertrauen.

Ein späteres Stadium der Entwicklung (im 2. Lebensjahr), wo das Kind die lokomotorischen Fähigkeiten entwickelt und auch lustvoll das Wegrennen von der Mutter erprobt, ist die sogenannte Phase der Wiederannäherung (reapproachment). Das Sehen steht dabei beim Kind, welches das Abenteuer des Wegrennens einerseits genießt, andererseits mit einer gewissen Angst von Verlust unternimmt, im Dienste der Vergewisserung, daß die Mutter noch da ist, wenn es zurückkommt. Dabei will es sich sicher fühlen, daß sie noch die gleiche ist wie vor der Entfernung, und will sich im Glanz ihrer Augen gespiegelt sehen. Die Augen prüfen die emotionale Verläßlichkeit der Mutter.

In der sogenannten ödipalen Phase (3. Lebensjahr) dienen die Augen der Befriedigung der Sexualneugierde. Jedes Kind durchläuft eine Altersstufe, in der es energisch »Sexualforschung« betreibt. Es interessiert sich für den Unterschied der Geschlechtsorgane bei Mädchen und Buben, d.h. bei sich und beim gegengeschlechtlichen Geschwister oder bei Altersgenossen.

Voyeurismus und Exhibitionismus sind Verhaltensweisen, die vor allem bei klinisch-pathologischen Erscheinungsformen auf kompensatorischen Vorgängen beruhen. Der Mechanismus ist hier eine Verharmlosung durch Überbetonung. Daß ich etwas zeige (exhibitionistisch), daß ich etwas anschaue (voyeuristisch), ist der Beweis der Intaktheit, der Harmlosigkeit, der Unzweifelhaftigkeit. So lautet die Formel der Angstbewältigung.

Otto Fenichel[5] meinte, daß der Exhibitionist sich an die Zuschauer wende »mit dem unterbewußten Verlangen, daß sie ihm beweisen sollen, daß er einen Penis hat, indem sie auf dessen Anblick reagieren. Innere Zweifel zwingen offenbar das Individuum, sich anderer als Zeugen zu bedienen.«[6] Ein anderes unbewußtes Motiv könne sein, daß der Exhibitionist vom Zuschauer den Beweis erwarte, daß er *Angst* vor seinem Penis habe und folglich ihn selbst fürchte, weil er dann sich selbst nicht fürchten müsse. Schließlich bestehe eine weitere

Variante darin, daß der exhibitionistische Akt als eine Art magische Geste ausgeführt werde, indem »der Exhibitionist zeigt, was er selbst gern von anderen gezeigt bekommen möchte«.[7]

Die gleichen Tendenzen wie bei Exhibitionisten finden sich gemäß Fenichel im »Unbewußten von Voyeuren«. Der Voyeur ist oft auf Kindheitserlebnisse fixiert, die – wie etwa der Anblick der Genitalien Erwachsener – eine Kastrationsangst hervorgerufen haben. Er wiederholt daher diese und ähnliche Szenen, um sich ihrer Ungefährlichkeit zu vergewissern. Der Voyeur verfüge über einen Hunger nach sogenannten Deckerlebnissen, die dem Original zwar ähnlich seien, aber in einem entscheidenden Punkt von ihm abweichen und damit die Sicherheit der Gefahrlosigkeit bieten.

Das Abtasten der Wirklichkeit nach begehrten und begehrlichen Objekten vollzieht sich vor allem durch den Blick. Das Sehen steht in enger Beziehung zum Berühren, weil es mit diesem eine Reziprozität teilt, die anderen Sinnen, etwa dem Gehör, fehlt. Das Ohr ist rein rezeptiv-empfangend in seiner Wahrnehmung, das Auge dagegen gebend und nehmend zugleich. Indem es blickt, erfährt es in der Gegenseitigkeit des Blickkontaktes, daß es und wie es erblickt wird. Dieselbe Doppelinformation ist beim Tastsinn vorhanden. Wenn ich einem Menschen die Hand reiche, spüre ich nicht nur seine Hand, sondern auch unmittelbar meine eigene berührende Hand.

Aufgrund dieses beiden Sinnen eigenen Reziprozitätscharakters vertreten Blicke das Tasten, eignen sich Blickkontakte als Ersatz für Hautkontakte. Beim Säugling sind Berühren und Sehen noch eng miteinander verbunden, wobei sich dann in der weiteren Entwicklung das Sehen zunehmend in den Vordergrund drängt und gewissermaßen die Interessen des Berührens vertritt. Nirgends ist daher die Schaulust größer als im Hinblick auf das, was sich berühren läßt.

Im Unterschied zum Berühren kann der Blick in der Distanz vollziehen, worauf das begehrende Subjekt aus ist: die Berührung in der Nähe. Dies gibt ihm auch die Möglichkeit, in ein asymmetrisches Verhältnis zum Objekt zu treten, was dem Berühren nicht möglich ist. Diese Asymmetrie unterscheidet auch den Voyeuristen vom Exhibitionisten, der aus einem unbeobachteten Auftritt keinen Lustgewinn schöpft.

Der ungebrochene Exhibitionismus als Selbstzweck ist der Maßstab vieler neuer Medienproduktionen. Umberto Eco geißelt in seinen pointierten Polemiken den aktuellen medialen Selbstdarstellungskult, der jeden dazu verführe, »seine eigene Irrelevanz zu bekunden«, die jeden zur Befriedigung seines Ehrgeizes dahinbringe, »die Rolle des Dorftrottels zu spielen«, um in den Genuß der millionenfachen Aufmerksamkeit zu kommen.[8] »Es verschwindet die Figur des Komikers, der sich über den wehrlosen Behinderten lustig macht, und dafür steigt der Behinderte selbst auf die Bühne, stolz, seine Behinderung zeigen zu dürfen. Alle sind zufrieden: Der Ärmste, der sich zur Schau stellt, der Sender, der eine Show produziert hat, ohne die Akteure bezahlen zu müssen, und wir, die wir endlich wieder über die Dummheit lachen können, indem wir unseren Sadismus befriedigen.«[9]

Das Streben ins Rampenlicht mit seinen demonstrativen Bekundungen ist nur bedingt vergleichbar mit dem sexuellen

Exhibitionismus, der gewöhnlich nur in bezug auf eine oder eine geringe Anzahl Personen in *zwanghafter* Weise ausgelebt wird. Geltungsbedürfnis und das Ausleben eines Grandiositätswunsches drängen den »kleinen Mann« vor die Kamera, er will sich als Star fühlen, für einige Momente zur Prominenz gehören und Popularität genießen, sei es auch nur als »mauvais sujet«. Viele Auftritte in der Öffentlichkeit sind aber recht bieder und brav wirkende Eingeständnisse und Bekenntnisse, die moralinschwer abgegeben werden: ein Politiker, der gesteht, schon einmal Haschisch geraucht zu haben; Lehrer, die zugeben, früher als Schüler ihre Zeugnisse gefälscht zu haben; Pfarrer, die offen über ihre Onanieschuldgefühle reden. Gemeinsam ist diesen, auf solche und ähnliche Fragen meist vorbereiteten Interviewkandidaten, daß sie den Eindruck emanzipativer Offenheit erwecken wollen oder sich selbst diese einreden.

Der exhibitionistische Bekenntniskult coram publico bewirkt oft auch eine Entlastung von drückenden Schuldgefühlen, ein Phänomen, das jeder Kriminalkommissar sich zunutze macht, der einen Täter überführt. Die Sündenbeichte dient nicht nur der Entlastung von verinnerlichten Selbstvorwürfen, sondern wirkt auch als Befreiung von den Anstrengungen einer mühseligen und kräfteraubenden Verdrängungs- und Anpassungsleistung, als Erlösung von der Aufrechterhaltung von Lebenslügen. Oft treten in der Öffentlichkeit stehende Persönlichkeiten, welche die Aufdeckung ihrer verborgen gehaltenen Verhältnisse befürchten oder erwarten, die Flucht nach vorne an in vorauseilender Selbstenthüllungsgehorsamkeit. Sie tun dies nicht nur, um dem Druck der Erwartungsangst ein Ende zu setzen, sondern auch in der Hoffnung auf einen Beurteilungsbonus für ihre freiwillige Selbstoffenbarung.

Die exhibitionistische Manie, welche die postmoderne Medienkultur teilweise beherrscht, anerkennt keine Lebenslügen, sondern will mit diesen radikal aufräumen. Sie hat keinen Sinn für das, was Nietzsche die biologische Nützlichkeit des Irrtums nannte, daß Illusionen lebensnotwendig, der Wille zur Wahrheit hingegen tödlich sein kann. »Nehmen Sie einem Durchschnittsmenschen die Lebenslüge, und Sie nehmen ihm zur gleichen Zeit das Glück«, heißt es in Henrik Ibsens Drama *Die Wildente*. Jemandem die Augen über seine tatsächliche Lage zu öffnen, muß nicht zwangsläufig heilsam sein. Es kann auch enden wie bei Ibsen: mit einem selbstmörderischen Schuß in die Brust.

In der modernen Psychotherapie hat diese Einsicht Fuß gefaßt – entsprechend behutsam verfährt man dort mit Patienten, die sich um ihres psychischen Gleichgewichts willen der Selbsttäuschung hingeben. Psychoanalytische Deutungen haben stets im Dienste des Ich zu sein. Sie müssen die Krankheit und Verletzlichkeit des Patienten berücksichtigen und von diesem verarbeitet werden können. Die Kohärenz des Ich darf nicht einem ehrgeizigen, prätentiösen Selbstfindungsprozeß geopfert werden, der eine Desintegration und Psychose provoziert.

Wenn sich Menschen am Bildschirm freiwillig outen, als Alkoholiker, Tablettensüchtige, als bulimisch, Fetischisten, Transsexuelle etc., so erfolgt dies oft auf dem Weg der Selbstüberlistung, manchmal auch, um sich durch diese totale globale Öffnung den mühsamen Weg der schrittweisen Aufklärung aller Verwandten und Bekannten zu ersparen. Dieses aktive selbstbestimmte Verfahren kann aber Verwirrung und Verstörung auslösen.

In einer Fernsehsendung outete sich eine 28jährige Theologiestudentin als lesbisch. Am folgenden Morgen gratulierte eine Lebensmittelverkäuferin der Mutter zu dem mutigen Statement ihrer Tochter. Diese aber war ahnungslos, sowohl über den Fernsehauftritt ihrer Tochter als auch über deren sexuelle Neigungen, über welche sie sich in deren Gegenwart allgemein immer wieder despektierlich geäußert hatte. Die Mutter war nun der Ansicht, daß die Ehre der Familie zerstört sei, und brach den Kontakt zur Tochter ab, vernichtete einen Teil ihrer zu Hause zurückgelassenen persönlichen Habseligkeiten und schickte ihr den andern Teil kommentarlos zu. Etwa zwei Monate später wurde die Tochter in einem angetrieben-ängstlichen psychotischen Zustand hospitalisiert.

Die Aufspaltung eines psychotherapeutischen Geschehens in Darsteller und Zuschauer erfolgt im Psychodrama. Diese Form der Gruppentherapie besteht in einer spontanen szenischen Darstellung, welche zwischenmenschliche und innerseelische Konflikte und Befindlichkeiten sichtbar, bewußt, erlebbar und veränderbar macht.

Moreno, der Begründer dieser Methode, beschrieb diese wie folgt: »Das Psychodrama beginnt mit einem Gespräch zwischen Patient und Therapeut. Sobald der Patient anfängt, eine konkrete Situation zu schildern, in der er sich gegenüber seinen Mitmenschen befindet, führt ihn der Therapeut auf die Bühne. Hier wird die freie Assoziation zur freien Handlung. Ungeübt und unvorbereitet spielt der Patient nun sich selbst in der betreffenden Situation. Die Mitmenschen –

Vater, Mutter, Gattin, Freund oder Feind – sind physisch nicht anwesend, werden aber durch Hilfs-Iche, das sind Personen aus der Zuschauergruppe, dargestellt; dadurch gewinnen sie eine Art Halbrealität, die zwar wirksam, aber weniger furchterregend ist. Auf dem Höhepunkt der konfliktgeladenen Handlung ordnet der den Verlauf des Psychodramas intensiv verfolgende Therapeut einen Rollenwechsel an: Der Verfolgte spielt den Verfolger, der Sohn den Vater, der Lehrer den Schüler etc. Das Verhalten des anderen, des Opponenten, des Widersachers, wird zum eigenen Erlebnis. Das Resultat ist oft ein echter, nicht nur ein intellektuell erzwungener Einblick in den Mitmenschen ...«[10]

Nach dem Spiel auf der Bühne wird in einer Gesprächsrunde aller Beteiligten der Verlauf besprochen. Einer nach dem andern gibt seinen Gefühlen Ausdruck und bekräftigt sie durch Preisgabe eigener Erlebnisse ähnlicher Art. In jeder Psychodramagruppe gibt es Teilnehmer, die sich als Protagonisten vordrängen und ihre Probleme gerne zur Darstellung bringen, und andere, die sich scheu zurückhalten, sich mit der Mitspielerrolle begnügen oder im Beobachterstatus verharren. Oft sind es die zu einer gewissen Theatralik neigenden Patienten und Patientinnen, die sich für die Protagonistenrolle melden. Die Erfahrung zeigt aber, daß diese oft weniger profitieren als die anderen, welche das Spiel als Lehrstück erleben, mit welchem sie sich identifikatorisch und selbstkritisch auseinandersetzen.

Auch bei Fernsehsendungen sind es in der Regel kaum die Akteure von Talk-Shows, die einen großen Profit aus ihrer Selbsterfahrung und Selbstdarstellung ziehen. Sie vermögen aber beim Publikum, das sich seiner Betroffenheit und seines

Angesprochenseins nicht erwehren kann, einen Selbstbeob-
achtungsprozeß in Gang zu setzen. Die »Exhibitionisten«
sind die Demonstrationsobjekte, die mit dem Beispiel voran-
gehen, wenn Tabus gebrochen werden, während die Voyeure
diejenigen sind, die davon profitieren können, ohne daß sie
sich exponieren.

12.
Scham und Stolz

Die Psychologie der Scham ist mit jener von Exhibitionismus und Voyeurismus eng verbunden.

Im Verhalten ist die Scham am niedergeschlagenen Blick, Erröten, Verstummen erkennbar. Der Scham fehlt die der Angst eigene Fluchttendenz. Das Erleben der Scham ist mehr mit einer Rückzugstendenz verbunden. Wer sich schämt, möchte sich verkriechen, in den Boden versinken, nichts mehr sehen und nicht gesehen werden. Er möchte aus dieser Welt verschwinden, und nicht selten erfolgt eine Selbsttötung, um sich dem Anblick der Welt, aber auch seiner selbst zu entziehen.

Scheler sieht in der Scham eine unersetzliche positive Rolle, indem sie die Geschlechts- und Fortpflanzungstriebe einschränke, nur durch echte Liebe überwunden werden könne und damit eine qualitative Garantie für die zwischenmenschlichen Beziehungen biete. Er stellte sich damit in Gegensatz zu Freud, der in den Schamregungen eine Form der Libidoverdrängung sieht.

Die psychoanalytische Theorie ordnet die Entstehung von Scham dem Erlebnis von eigenen Schwächen und eigenem Ungenügen zu. Scham ist jener Affekt, der dann auftritt, wenn das Ich feststellt, daß es den selbstauferlegten Forderungen nicht zu genügen vermag. Der früheste Inhalt der Scham bezieht sich meistens auf die Erfahrung des Kindes seiner Schwäche, Kleinheit, Nacktheit, seines Mangels an Körperkontrolle.

Der Inhalt des Schamaffekts gruppiert sich um verschiedene Themen: das Gefühl des Versagens in Rivalitätssituationen; das Empfinden eigener Unreinlichkeit; eigene körperliche oder geistige Defekte; Verlust der Kontrolle über Körperfunktionen, Gefühle, Selbstbeherrschung. Schamreaktionen werden hervorgerufen, wenn Verlust der Triebkontrolle, körperliche Defekte und eigenes Versagen für andere sichtbar werden.[1]

Erikson[2] ordnete aus entwicklungspsychologischer Sicht die Entstehung von Scham und Zweifel der analen Phase zu, wo das Kind durch den Erwerb der Sphinkterkontrolle und der motorisch-muskulären Fähigkeiten im Wechsel von Erfolgen und Mißerfolgen allmählich eine Autonomie gegenüber seiner Mutter erlangt. Der Hauptakzent liegt in dieser Phase auf der Reifung des Muskelsystems und der daraus erwachsenden Fähigkeit, eine Anzahl höchst komplizierter Tätigkeiten wie Festhalten und Loslassen auszuüben und zu koordinieren.[3] Das Kind kann den Kot festhalten und ihn auch auf Wunsch der Mutter hergeben, es kann einen Gegenstand in den Händen halten und ihn fortwerfen. Es entwickelt auch das Bedürfnis, solche Bewegungen zu üben. Doch die Erfahrungen der Reinlichkeitserziehung lehrt das Kind, daß Kot schmutzig ist und beseitigt werden muß und daß es, wenn es Schmutz macht, böse ist. Deshalb entwickelt es Ekelgefühle gegenüber dem Kot. Es empfindet Schamgefühle bei jedem Versagen der Selbstkontrolle und Stolz bei jedem Gelingen.

Das Empfinden einer Selbstbeherrschung fördert das Gefühl von Autonomie und Stolz. Dagegen begünstigt die Erfahrung muskulären und analen Unvermögens mit Verlust von Selbstkontrolle und übermäßigem Eingreifen der Eltern die Entstehung eines dauernden Gefühls von Zweifel und Scham.

Scham ist immer das Resultat einer Erkenntnis. Erfolg oder Mißerfolg beim Festhalten an Maßstäben, Regeln und Zielen sendet ein Zeichen von Gut oder Böse an das Selbst und regt das Individuum zur Selbstreflexion an. Entscheidend für das Auslösen des Schamgefühls ist also die vorgenommene Selbstattribution und nicht das Ereignis an sich.[4]

Scham steht den Minderwertigkeits- und Schuldgefühlen nahe. Obgleich häufig mit Schamreaktionen verknüpft, entstehen Minderwertigkeitsgefühle nicht als Reaktion auf spezifische Triebstrebungen. Minderwertigkeitsgefühl ist meines Erachtens zustandsgebunden, während Schamgefühl handlungsgebunden ist. Ein eingewanderter Hilfsarbeiter hat wegen seines geringen Einkommens Minderwertigkeitsgefühle, aber er schämt sich nicht, während ein in flagranti ertappter Dieb sich schämt, aber nicht Minderwertigkeitsgefühle hat.

Insbesondere Gefühle von moralischer Scham treten bei Erwachsenen gewöhnlich dann auf, wenn sie bei sich niedere, moralisch verwerfliche Strebungen wahrnehmen.[5] Wurmser[6] sieht für Scham und Schuld gemeinsame Wurzeln, hebt aber folgende Unterschiede hervor: Scham bezieht sich vor allem auf eigenes Versagen, darauf, daß man schwach, fehler- und mangelhaft ist; Schuld richtet sich letztlich auf Verletzung von und Angriff gegen Recht und Bedürfnis des anderen. Beide fungieren als Machtschranken im mitmenschlichen Leben, aber Schamangst markiert eben jene »innere Grenze«, die niemand von außen überschreiten soll, während Schuldangst die Grenzen signalisiert, die man selbst in seinem Handeln aus Rücksicht auf den anderen nicht überschreiten darf. Scham wacht über die Grenze der Privatheit und Intimität, Schuld beschränkt die Ausdehnung der Macht. Scham verdeckt und verhüllt Schwäche, während das Schuldgefühl der Stärke Schranken setzt. Scham schützt ein integrales Selbstbild, während Schuld die Integrität des andern beschützt.

Die Frage wurde immer wieder aufgeworfen, ob Schamgefühl obligat als menschenimmanentes Gefühl auftritt oder ob sie anerzogen ist. Im Jahre 1879 schrieb der Arzt Roderich Hellmann in seinem Buch über Geschlechtsfreiheit, in welchem er die »Aufhebung der Scheu vor dem Nackten« durch Ausübung der Nacktkultur empfiehlt, die Kulturgeschichte und die Ethnologie hätten nachgewiesen, »daß das Schamgefühl sowie überhaupt die das Geschlechtsleben gegenwärtig beherrschenden Ansichten nur anerzogen sind«[7]. Dürr[8] führt dagegen Beispiele an, die zeigen, daß Körperscham angeboren ist. Soziologen haben an dem Nacktbadestrand von San Diego beobachtet, daß die Kinder sich ab dem Alter von etwa fünf Jahren zu schämen begannen, nackt herumzulaufen. Und wenn Eltern ihre Teenager dazu aufforderten, sich ebenfalls nackt auszuziehen, reagierten diese mit Entsetzen.

Wer von Schamgefühlen überwältigt wird, versucht diese möglichst zu verhindern oder einzudämmen. Häufig ist die Methode der Wendung von passiv zu aktiv, indem man von sich ablenkt und eine andere Person als lächerlich und verachtenswert hinstellt oder indem man in Ansprüche von Grandiosität oder idealisierende Vorstellungen ausweicht.

Man bedient sich des Strafcharakters der Scham, um sadistische Bedürfnisse auszuleben. Eco kritisiert italienische

Sendungen für diese Taktik: »*La corrida* ist eine Sendung, in der sich Dilettanten mit allerlei Kunststücken produzieren und das Publikum eine sadistische Freude daran hat, wie alte Männer den Steptanz probieren, Hausfrauen sich für Madonna halten und dergleichen mehr. Die antiken Circenses waren grausame Spektakel, die auf der fieberhaften Erwartung des angekündigten Todes von Gladiatoren (oder Märtyrern) beruhten. Die neuen Circenses machen sich darüber hinaus noch drei gegensätzliche Gefühle zunutze: ein Minimum an fröhlichem Mitleid mit den Ärmsten, die sich dem allgemeinen Gelächter aussetzen, die sadistische Freude an einem Schicksal, das im Unterschied zu dem des Märtyrers in den Circenses nicht erzwungen, sondern frei gewählt ist, und eine Art von uneingestandenem Neid gegenüber denen, die dafür, daß sie unter Hintansetzung aller Scham beschlossen haben, sich dem öffentlichen Hohn und Spott auszusetzen, Medienpräsenz und folglich, in einem pervertierten und scheußlichen Sinn, allgemeine Anerkennung erworben haben …«[9]

Häufiger wird heute jedoch in einer sehr subtilen Weise mit Schamgefühl gespielt. Es ist die Klaviatur, auf der die Macht ihre Partitur spielt, um die Menschen nach ihrer Melodie tanzen zu lassen. Es dient zur Manipulation und Steuerung der Individuen, um sie auf eine Norm zu verpflichten. Es garantiert in verläßlicher Weise, daß Repressionen ihre Wirkung nicht verfehlen und daß mit gefügigen Verhaltensweisen gerechnet werden kann, eventuell auf die Identifikation aller mit der herrschenden Ideologie.

13.
Die massenpsychologische Verstärkung

Beschleunigung, Verdichtung und Globalisierung haben die Welt verändert und den Menschen zu einem gleichzeitig isolierten und vergemeinschafteten Wesen gemacht. Viele Erscheinungen des Lebens folgen im Vergleich zu früher verstärkt den Gesetzen der Massenpsychologie.

Zu Beginn und im ersten Viertel des 20. Jahrhunderts hat das Aufkommen des Massenmenschen bereits Beunruhigung und Sorge ausgelöst. Die neue Masse war damals eine Auswirkung des rapiden Bevölkerungswachstums in der zweiten Hälfte des 19. Jahrhunderts, in dessen Folge auch der Anspruch der Menschen wuchs, an den Errungenschaften der Industrialisierung sowie an Bildung und politischer Mitsprache ebenfalls beteiligt zu sein.

Die Masse wurde von Le Bon und Freud zum Gegenstand von Analysen gemacht. Zu welchen Entartungen apokalyptischen Ausmaßes Massenbewegungen führen konnten, war an den realen politischen Entwicklungen der 20er und 30er Jahre ja deutlich zu erkennen. Es ist ein bleibendes Verdienst von Le Bon[1], eines französischen Arztes um die Jahrhundertwende, die Eigenschaften der Masse beschrieben zu haben. Dabei stand die Frage im Zentrum, wie das einzelne Individuum sich verändert, wenn es in einer Masse integriert ist. Die Masse ist nach Le Bon impulsiv, wandelbar, reizbar, leichtgläubig, kritiklos. Sie werde hauptsächlich vom Unbewußten geleitet, sie denke in Bildern, die einander assoziativ hervorriefen; sie kenne keinen Zweifel und keine Ungewißheit, habe das Bewußtsein großer Kraft, gebärde sich sowohl intolerant als auch autoritätsgläubig.

Freud fügte dieser Aufzählung noch weitere Eigenschaften der Masse hinzu.[2] Sie sei erregbar, leidenschaftlich, wankelmütig, inkonsequent, unentschlossen und dabei in ihren Handlungen zum Äußersten bereit, leichtsinnig und heftig im Urteilen. Die Hauptmerkmale des Individuums in der Masse sind, zusammengefaßt: der Schwund der bewußten Persönlichkeit, die Vorherrschaft der unbewußten Persönlichkeit, die Orientierung der Gedanken und Gefühle in derselben Richtung durch Suggestion und Ansteckung und die Neigung, die suggerierten Ideen unverzüglich zu verwirklichen. Verkürzt ausgedrückt, könnte vom Massenmenschen gesagt werden: Er ist stärker, aber dümmer als das Individuum.

Die Masse wird in der Sozialpsychologie von der Gruppe abgegrenzt. Diese beinhaltet eine begrenzte Zahl von Personen, die in einer gegebenen Situation miteinander in intensiveren intellektuellen und emotionalen Kontakt treten als mit anderen Menschen. Eine Primärgruppe (nach der Definition von Couley) ist relativ klein, und deren Mitglieder haben direkten Kontakt miteinander, wie beispielsweise Familien, Arbeitsteams, Sportmannschaften. Eine Sekundärgruppe ist nur indirekt durch ein gemeinsames Ziel verbunden, wie etwa die Bürger einer Stadt.

Im Unterschied zur Masse hat die Gruppe eine Struktur mit einer Rollenverteilung, die sich auf die Gruppenaufgabe (Initiator, Koordinator, Kritiker, Antreiber u. a.), auf den sozialen Bestand der Gruppe (der Bestätigende, Ausgleichende, Vermittelnde, der Normengeber, der Kommentator, der Mitläufer) oder auf das Bedürfnis des Individuums in der Gruppe (der Geltungsstrebende, Hilfesuchende etc.) bezieht. In der Gruppe lassen sich dynamische Vorgänge beobachten wie die Tendenz zu konvergierenden Urteilen, indem die Streuung der verschiedenen Ansichten und Standpunkte mit der Dauer des Bestands der Gruppe abnimmt. Es kann auch zur Polarisation (Hofstätter)[3] mit der Bildung von zwei sich widersprechenden Untergruppen mit der Gefahr des Zerfalls der Gesamtgruppe kommen.

Einer Gruppe ist die Gefahr einer Entartung zu einer Masse immanent. Diese ereignet sich oft, wenn ein Gruppenmitglied zu mächtig wird und sich zum übergeordneten Führer aufschwingt und die andern Mitglieder unterdrückt und willenlos macht, deren verstandesmäßig-kritischen Erwägungen ausschaltet, so daß sie vorwiegend affekt- und triebgeleitet funktionieren. Eine andere Ursache kann die Anstauung unlustbetonter Gefühle sein, die sich entladen. Die maßgeblichen Faktoren der Masse sind also der Strukturverlust und die Entdifferenzierung.

Elias Canetti beschreibt in *Masse und Macht*[4] das Massengefühl, das ihn erfaßte, als er im Jahre 1927 im Alter von 22 Jahren in einen Wiener Arbeiteraufstand geraten war und erlebt hatte, wie sich die Energie der entladungssüchtig auflodernden Menschenmenge beim Brand des Justizpalastes austobte: »Ich wurde zu einem Teil der Masse.« Dieses Gefühl läßt sich nicht weiter reduzieren. Es ist eine Bewußtseinslage, die für sich alleine steht und keiner weiteren Erklärung fähig ist. Es ist ein Zustand gänzlicher Urteilslosigkeit. Typisch für diesen Massenzustand ist das Gerichtetsein auf ein beliebiges Ziel. »Viele wissen nicht, was geschehen ist, sie haben auf Fragen nichts zu sagen, doch haben sie es eilig, dort zu sein, wo die meisten sind … Sie haben ein Ziel. Es ist da, bevor sie Worte dafür gefunden haben …«

Diese Ziellosigkeit von Massendemonstrationen in den letzten Jahren vor der Jahrtausendwende irritiert Eco, der dafür folgende Erklärung wagt: »Die großen Utopien sind zusammengebrochen (man demonstriert nicht mehr für eine künftige Revolution oder gegen ungerechte Kriege), aber der soziale Körper hat das Bedürfnis, sich in bestimmten Schlachten einig zu fühlen, Brüderlichkeiten zu entdecken, sich als aktiv Handelnder im gemeinschaftlichen Leben zu empfinden. Jedes Mal, wenn ein Thema aufkommt, das die allgemeine Sensibilität berührt (und der Abscheu vor sexuellem Mißbrauch von Kindern ist sicher ein solcher), ergreift der soziale Körper die Gelegenheit, sich zu Wort zu melden, und jeder fühlt sich mit den anderen solidarisch – ja, im Unterschied zu den politischen Demonstrationen von einst fühlen sich alle jenseits der Ideologien und Religionen einig über ein moralisches Thema, über das man nicht diskutiert.«[5]

Sigmund Freud verstand die Masse nicht als eine Erscheinung, die aus sich selbst heraus sich bilden kann. Er meinte, daß sich die Masse dadurch bilde, daß an die Stelle der Objektwahl die Identifizierung der Individuen miteinander getreten sei, welche die früheste und ursprünglichste Form der Gefühlsbindung sei.[6] Die Masse sei »im höchsten Grade autoritätssüchtig«. Der Führer der Masse sei immer noch »der gefürchtete Urvater«, der »anstelle des Ich-Ideals das Ich beherrscht«[7]. Die Masse ist also führerorientiert, und zwar nicht auf einen Führer, der sie strukturiert und ihre kritischen Fähigkeiten fördert, sondern der als Idol, als Star sich zur Verfügung stellt, blendet, lenkt, manipuliert. Oft sind es charismatische Figuren, die rhetorisch eindrücklich mit suggestiven, plakativen Bildern und mit einfachen Argumenten auf sie einwirken.

Typische Merkmale der Masse sind die Neigung zu polarisierender Sicht, die Aufspaltung der Welt in Gut und Böse, eine paranoid-mißtrauische Haltung und die Beurteilung der Menschen und Dinge nach ihrer oberflächlich-symbolischen Bedeutung. Zwischen Identität und Ähnlichkeit wird nicht unterschieden.

Ein Beispiel dafür, wie schnell ein Mensch im Massenklima intellektuell unter seine sonstigen moralischen Standards sinken kann, erlebte die Öffentlichkeit durch Ereignisse in England im Sommer 1999. Das Boulevardblatt *News of the World* lancierte eine Kampagne gegen Pädophile. Es publizierte die Namen und Adressen von 49 Kinderschändern, die nach Verbüßung ihrer Gefängnisstrafen wieder auf freiem Fuß lebten. Schon am Tag der Veröffentlichung der ersten Pädophilenliste forderte diese ihr erstes Verwechslungsopfer: Ein 49jähriger Mann in einem Vorort von Manchester mußte von der Polizei geschützt werden, nachdem ein Mob von zeitweise mehreren hundert Leuten ihn bedroht, seine Kinder verhöhnt und eine Scheibe eingeschlagen hatte. Sein Pech war, daß er wie einer der Denunzierten eine Genickstütze trug und diesem nicht unähnlich sah.[8]

Etwa einen Monat später griff eine aufgehetzte Menge in Südwales das Haus einer Kinderärztin an in dem Glauben, dort lebe ein Kinderschänder, weil sie nicht zwischen »Pädophiler« und »Pädiater« unterscheiden konnte.[9] In einer großen Wohnsiedlung in der südenglischen Küstenstadt Portsmouth protestierten einige hundert Bewohner, unter ihnen Frauen in Begleitung ihrer minderjährigen Kinder, sieben Tage lang gegen die schwarzen Schafe in ihrer Mitte. Drei- und Vierjährigen wurden Plakate mit Aufschriften wie »Tötet die Pädophilen« oder »Hängt sie« in die Hand gedrückt. Jugendliche Krawallmacher nutzten die Pogromstimmung. Autos wurden in Brand gesteckt, Häuser mit Brandbomben und Steinen beworfen und ein Polizist von einem Ziegelstein im Gesicht verletzt.[10]

Canetti bezeichnete diese Art von geballter entfesselter Volksmanifestation als Hetzmassen: »Die Hetzmasse bildet sich im Hinblick auf ein rasch erreichbares Ziel. Es ist ihr bekannt und genau bezeichnet, es ist auch nah. Sie ist auf Töten aus, und sie weiß, wen sie töten will.«[11]

Massenhysterie ist seit Jahrhunderten bekannt. Sie tritt in Gemeinschaften auf und wird oft durch Nichtigkeiten ausgelöst.[12] Wenn jemand in Ohnmacht fällt in einer Gruppe, die bereits in einem angespannten Zustand ist, entsteht leicht ein Gerücht, die mögliche Ursache betreffend, und breitet sich, wenn es plausibel erscheint, schnell aus. Hysterische Symptome entstehen durch identifikatorische Übernahme von anderen, und auch die Erklärungen dafür werden übernommen, um damit ein Kausalitätsbedürfnis zu befriedigen. Während der irakischen Scud-Missile-Angriffe auf Israel waren etliche Israelis überzeugt, sie seien vergast worden, und reagierten mit Übelkeits- und Ohnmachtsanfällen.

Freud erzählt das Beispiel eines Mädchens in einem Pensionat, das einen Brief von ihrem geheimen Geliebten bekommen hat, auf den sie mit einem Eifersuchtsanfall reagiert.

Einige ihrer Freundinnen, die darum wissen, werden diesen Anfall übernehmen »auf dem Wege der psychischen Infektion. Der Mechanismus ist der der Identifizierung auf Grund des sich in dieselbe Lage Versetzenkönnens oder Versetzenwollens. Die anderen möchten auch ein geheimes Liebesverhältnis haben und akzeptieren unter dem Einfluß des Schuldbewußtseins auch das damit verbundene Leid.«[13] Daß Hysteriker/innen außerordentlich suggestibel sind, zeigte sich z. B. in den in Klöstern im Mittelalter sich ausbreitenden Epidemien von rasender Tanzwut und Anfällen von Zuckungen, die als dämonische Besessenheit religiös gedeutet und durch exorzistische Praktiken geheilt wurden.

Sloterdijk[14] hat den Wandel der Massen im Zeitalter der Kommunikation beschrieben. Weil heute die Masse über das Stadium ihrer Versammlungsfähigkeit hinaus sei, habe »das Programm-Prinzip das Führer-Prinzip« ersetzen müssen. Folglich genüge es, den Unterschied zwischen einem Führer und einem Programm zu erklären, um offenzulegen, was die klassisch-moderne versammelte Masse von der post-modernen mediatisierten, aufgesplitterten bunten Masse unterscheide. Es gehe hier um den »Unterschied zwischen Entladung und Unterhaltung«[15]. Heute werde »der Gegenstand der Anbetung nicht in der Vertikalen gesucht, sondern auf gleicher Höhe vis-à-vis gefunden«. Die Massenkultur werde für alle Zeiten versuchen, das Uninteressante als das Auffälligste zu entfalten, und bleibe auf Strategien der Aufmerksamkeitserzwingung angewiesen, weil sie vorhabe, triviale Gegenstände und Personen in die vorderste Sichtlinie zu stellen.[16]

14.
Die Auswirkungen der medialen Massensuggestion

Die Wirkungen der Massenmedien haben oft epidemischen Charakter. Ein Grund liegt darin, daß ja auch die Benutzung der Massenmedien, wie der Begriff schon besagt, massenweise ist und Auswirkungen sich somit an einer großen Zahl von Menschen bemerkbar machen. Es sind zwei Erscheinungen, die hier im Vordergrund stehen. Die erste ist in der Auswirkung auf die kognitiven und sprachlichen Fähigkeiten zu sehen, vor allem bei Kindern. Die zweite in der identifikatorischen Übernahme von Verhaltensweisen, die von den Massenmedien vorgeführt werden.

Der Medienpädagogische Forschungsverbund Südwest hat für 1999 ermittelt, daß Kinder täglich 99 Minuten vor dem Fernsehapparat verbringen, 76 Minuten die 3- bis 5jährigen, 96 Minuten die 6- bis 9jährigen und 117 Minuten die 10- bis 13jährigen. Wer ein eigenes Fernsehgerät im Kinderzimmer stehen hatte, schaute etwa 145 Minuten am Tag fern.

Praktiker in Kindergärten, Schulen und Sprachheileinrichtungen sowie Kinderärzte betrachten diese Vielseherei mit Sorge. In einer Studie der Universität Mainz Mitte der 90er Jahre wurde eine Zunahme von Sprachentwicklungsstörungen bei Vorschul- und Grundschulkindern von 25 Prozent festgestellt. Die Ursache dürfte darin liegen, daß Kinder mit vorwiegendem Kontakt zum Medium Fernsehen nicht oder weniger üben, selbst zu sprechen, und daß niemand ihre Fehler korrigiert.

Eine Untersuchung der Universität Freiburg Ende der 90er Jahre hat nachgewiesen, daß Kinder, die über drei Stunden täglich fernsehen, weniger reden, schlechtere Deutschnoten haben und emotional abgestumpfter sind als gleichaltrige Wenigseher. Der amerikanische Intelligenzforscher Joseph Schilten Pear sieht die Hauptgefahr darin, daß das Fernsehen das kleinkindliche Gehirn in jener Zeit mit Bildern überflutet, in der es eigentlich lernen sollte, Bilder von innen zu erzeugen. Fernsehen unterdrückt die Fähigkeit der inneren Bilderzeugung, weil äußere Bilder auf das Kind einströmen.[1]

Bei den nach identifikatorischem Muster entstehenden Schäden steht der sogenannte »Werthereffekt« im Zentrum der wissenschaftlichen Forschung, eine Bezeichnung nach der Novellenfigur Goethes, dessen Selbstmord eine Welle von Nachahmungen ausgelöst hatte.

Einer Untersuchung der Universität Oxford zufolge stieg die Selbstmordrate in England vier Wochen nach dem Unfalltod von Prinzessin Diana um 17 Prozent an. Die größte Steigerung der Suizidrate fand sich bei Frauen zwischen 25 und 44 Jahren.[2]

Der »Klassiker« der wissenschaftlichen Untersuchungen von Auswirkungen der Massenmedien auf Selbstmordhandlungen ist die 1986 publizierte Studie von H. Häfner und A. Schmidtke. 1981 und ein zweites Mal 1982 strahlte das ZDF die sechsteilige Serie ›Tod eines Schülers‹ aus. Ausgangspunkt war die Selbsttötung des 18jährigen Schülers Klaus Wagner. Folgen 2 bis 6 zeigten ihn unmittelbar, bevor er sich vor einen fahrenden Zug warf, und schilderten die Entwicklung zur Selbsttötung aus der Sicht der Eltern, Lehrer, Mitschüler, der Freundin und aus der Sicht Klaus Wagners selbst. Persönlichkeit, Lebenssituation und familiärer Hintergrund des Helden bildeten weitverbreitete Stereotype des Mittelstandes und der Lebensanschauung Jugendlicher in der Bundesrepublik ab und boten damit gute Identifikationsmöglichkeiten für eine große Zahl junger Menschen. Wegen ihrer künstlerischen Qualität gewann die Serie mehrere Preise.

Dem Forscherteam standen genaue Angaben über Zeitpunkt, Alter und Geschlecht aller Personen zur Verfügung, die von 1976 bis 1984 eine Selbstmordhandlung auf dem Schienennetz der Deutschen Bundesbahn begangen hatten. Diese dienten als Vergleichsgrundlage für die Beurteilung der Suizide im Zeitraum der laufenden Serie ›Tod eines Schülers‹.

Die Untersuchungsphase begann zwei Stunden nach der Ausstrahlung des ersten Films und endete fünf Wochen nach dem letzten der sechs Filme und umfaßte damit zehn Wochen. Die Ergebnisse, aufgegliedert nach Geschlecht und Altersgruppen, zeigten gegenüber den Vergleichsgruppen signifikante Anstiege der Suizidzahlen in den Zeitperioden, die den Sendungen folgten. Maximale Werte fanden sich in der dem Modell am nächsten stehenden Gruppe der 15- bis 19jährigen Männer. In dieser wurden 22 Suizide gegenüber 7 (6) und bei der zweiten 18 gegenüber 8 (4), die gemäß statistischer Berechnung zu erwarten waren, beobachtet. Bei Frauen gleichen Alters wurde ebenfalls ein Anstieg beobachtet, allerdings mit einem leicht geringeren Ausmaß und mit einer Abnahme in jeweils höheren Altersgruppen.[3]

Mediale Vermittlung suizidalen Verhaltens konnte auch in einer in Österreich durchgeführten Untersuchung bestätigt werden.[4] In den Jahren 1990 bis 1994 waren in Österreich im Bereich der Straßenbahn- und Eisenbahngesellschaften 617 Suizide und Suizidversuche durch Überrollenlassen oder Werfen vor einen Zug zu verzeichnen. Am 22. September 1994 wurde in der abendlichen Nachrichtensendung auf beiden Fernsehkanälen des ORF ein Bericht über eine Untersuchung der physischen und psychischen Belastungsfaktoren von Lokomotivführern gezeigt. Dabei wurde die Angst des Personals vor einem jederzeit möglichen, überraschenden Sprung eines Selbstmörders vor den Zug geschildert, wobei ein Lokomotivführer das Gefühl der Ohnmacht angesichts der Chancenlosigkeit, einen Zusammenprall zu verhindern, betonte.

Unter Verwendung eines differenzierten Auswertungsverfahrens konnte gezeigt werden, daß in der ersten Woche nach dem Sendedatum die Zahl der Eisenbahnsuizide statistisch signifikant erhöht war, während bereits ab der zweiten Woche keine Erhöhung mehr gefunden werden konnte. Die Autoren der Studie empfehlen daher einen zurückhaltenden Umgang der Medien mit dem Thema Suizid zur Unterstützung der allgemeinen Suizidprävention.[5]

Auch bei der Diskussion der Sterbehilfe respektive des selbstbestimmten Sterbens ist der Erfahrung Rechnung zu tragen, daß Suizide abhängig sind vom Trend, von Moden, von Fernseh- und Radiosendungen und allgemein von suggestiven Beeinflussungen. Auch Tötungsdelikte können als Folge von Berichterstattungen an Häufigkeit zunehmen. Als 1996 ein Familienvater in Rotterdam seine drei Kinder erstach, glaubte die holländische Öffentlichkeit an einen Einzelfall. Bis Mai 1997 wurden dann aber zwanzig Kinder von ihren Eltern umgebracht. Bei mehreren Tätern wurden Zeitungsausschnitte über Kindermorde gefunden.

Ebenso gibt es viele epidemisch sich verbreitende psychogene Krankheiten, die über unbewußte identifikatorische Übernahmen aufgrund von Medienberichten zustande kommen. Die in Princeton lehrende Kulturhistorikerin Elaine Showalter (1997) nennt diese Hysterien im Zeitalter der Medien »Hystorien«.[5] Sie stellt in ihrem Buch unter dieser Bezeichnung sechs große psychogene Syndrome der 90er Jahre vor: die chronische Müdigkeit, das Golfkriegssyndrom, die multiple Persönlichkeit, die wiedergewonnenen Erinnerungen vor allem an sexuellen Mißbrauch, den satanischen Ritualmißbrauch und die Entführung durch Außerirdische.[6]

Hystorien werden durch Geschichten verbreitet, die durch Artikel in Zeitungen, Fernsehserien, Talk-Shows, Spielfilme, das Internet und die Ratgeberliteratur in Umlauf gebracht werden.[7] Drei Ingredienzen sind nach Showalter zu einer hysterischen Epidemie nötig: enthusiastische Ärzte und Theoretiker, unglückliche, verletzliche Patienten und ein geeignetes kulturelles Umfeld. Ein Arzt oder eine vergleichbare Autoritätsfigur müsse die Störung zunächst definieren, die meist allgemein gehalten ist, so daß viele Menschen mit einer verwirrenden Kombination beunruhigender Symptome diese in dem Prototyp wiedererkennen.[8]

Zu Beginn der 90er Jahre nahmen sich die amerikanischen Massenmedien der Magersucht und Bulimie an, um die Bevölkerung zu informieren und aufzuklären. In den siebzehn Talk-Shows, die 1993 im Nordosten Amerikas ausgestrahlt wurden, wurde täglich in mindestens einer das Thema behandelt. Durch diese gutgemeinte mediale Zuwendung nahmen Magersucht und Bulimie innerhalb kürzester Zeit epidemische Formen an, und Experten sahen sich veranlaßt, den Medien von einer Aufklärungskampagne abzuraten.

Vielen Amerikanern wurden durch die Medien die Augen für eine neue Krankheit, das Chronic Fatigue Syndrome (CFS; chronische Müdigkeit), geöffnet, bei dem die Patienten an Müdigkeit, Unwohlsein, vorübergehendem leichten Fieber ohne objektive klinische Befunde leiden. Hunderttausende mit multiplen, unspezifischen Beschwerden, die bisher als Neurastheniker oder wegen eines anhaltenden Schwächezustands nach einer Viruserkrankung behandelt wurden, übernahmen diese Diagnose und fühlten sich verstanden damit.

In England brachte ein Zeitgeistartikel unter der Überschrift »Eine Krankheit, die die Ärzte nicht erkennen« sechstausend Leserbriefe ein und führte 1986 zur Formierung einer Kampagne.[9] Berühmte Persönlichkeiten gestanden ihre CFS-Erkrankung, die auch unter dem Namen »chronisches Müdigkeits- oder Immunreaktionsstörungs-Syndrom«, »Fibromyalgie«, »Tapanui-Grippe« oder »Myalgische-Enzephalomyelitis« kursiert.[10] 1990 gingen bei der US-Bundesgesundheitsbehörde monatlich mehr als 2000 telefonische Anfragen zum Thema Müdigkeit ein.[11]

Patienten, die mit ihren Symptomen und Beschwerden, für die es keine anerkannte Krankheitsbenennung gibt, nicht ernst genommen werden, fühlen sich verstanden und sind erleichtert und dankbar, wenn die Wissenschaft diese legitimiert. Sie tut dies nicht nur durch die Benennung und Beschreibung der Krankheit, sondern indem sie für deren

Verursachung auch Erklärungen liefert und das Kausalitätsbedürfnis der Betroffenen so befriedigt.

Andererseits haben Menschen mit psychischen Problemen auch die unbewußte Neigung, jene Symptome zu erzeugen, die von der Gesellschaft anerkannt werden. Der Soziologe Edward Shorter (1994) nennt jene Symptome, welche in einer bestimmten Kultur zu einer bestimmten Zeit als legitim gelten, »Symptompool«.[12] Die von Ärzten und andern Autoritäten ausgedrückte Erwartungshaltung übt einen starken Druck auf das Unbewußte, nur legitime Symptome zu bilden. Wenn die Medien eine Diagnose mit einer Beschreibung eines Krankheitsbildes flächendeckend streuen, führt dies zu einer massenhaften Normierung von (heterogenen) psychischen Beschwerden und Symptombildern.

15.
Die Akteure in der medialen Arena:
Sieger und Verlierer – Stars und Opfer

Das Geschehen in der medialen Arena ist das voyeuristisch-exhibitionistische Spiel mit Scham und Schuld, mit Intimität und Offenheit, mit Macht und Ohnmacht. Es hat in den letzten Jahren extreme Formen angenommen.

Seine Akteure können in vier Gruppen eingeteilt werden: erstens die *Politiker*, die über das Medium ihren Einfluß geltend machen wollen und ihren Popularitäts-Test absolvieren; zweitens freischaffende, nicht durch einen politischen Status oder Auftrag motivierte Akteure wie *Künstler*, *Sportler*, *Publizisten* etc.; drittens *freiwillige unbekannte Akteure*, die sich aus Geltungssucht ins Rampenlicht drängen, wie z.B. Teilnehmer von Talk-Shows und *Big Brother*; und viertens *unfreiwillige Akteure*, über die ohne deren Wissen oder Zustimmung berichtet wird, wie Unfallopfer, Angeklagte, Angehörige von Prominenten etc. Es gibt auch Mischformen.

Es ist sinnvoll, diese Gruppen zu unterteilen in *Gewinner* und *Verlierer* bzw. *Geschädigte*. Ein Gewinner ist jemand, der aufgrund einer für ihn günstigen Berichterstattung oder Medienstimmung, etwa eines geglückten Auftritts in einer Talk-Show, einen Sympathiezuwachs bekommt und, etwa als Politiker, Stimmen gewinnt. Ein Verlierer ist jemand, der aufgrund einer falschen oder verzerrten Darstellung, eines Mißverständnisses oder einer Panne schlecht abgeschnitten hat und einen Popularitätsschwund hinnehmen mußte. Es gibt auch hier Mischtypen, etwa ein Sportler, der aufgrund seiner Leistung unweigerlich ins Rampenlicht gerät, dabei aber seine privaten Verhältnisse nicht mehr in gewünschter Weise schützen kann etc.

Es macht ferner Sinn, zu unterscheiden zwischen »Altprominenten« (Politiker, Künstler) und »Neuprominenten« wie unbekannte Durchschnittsbürger, wobei sich noch die beiden Unterkategorien »freiwillig« und »unfreiwillig« aufdrängen. Ein freiwilliger Altprominenter wäre beispielsweise ein Künstler, der in einer Talk-Show seine privaten Affären ausplaudert; ein unfreiwilliger einer, dessen private Verhältnisse ohne seine Zustimmung ausgebreitet werden.

Der Einbruch der Politik in das Fernsehen geht auf das Jahr 1956 zurück. Dwight D. Eisenhower, der zum zweiten Mal für die Präsidentschaft kandidierte, ließ verlautbaren, daß er sich bei seinem Wahlkampf auf die Masseninformationsträger zu stützen gedenke und seine Kampagne auf das Elektronenzeitalter ausgerichtet sein müsse, in erster Linie auf das Fernsehen.[1] Nach einem Fernsehauftritt wurde sein Medienberater kritisiert: Erstens müsse die hellumrandete Brille des Präsidenten weg. Sie betone »die natürliche Blässe jedes Menschen, der mehr als vierzig Winter auf dem Buckel« habe. Zweitens hätten sowohl die Beleuchtung als auch das Make-up General Eisenhower blaß aussehen lassen. Ein »soeben von einem Urlaub im Süden zurückgekehrter Mann sollte gebräunt aussehen.«[2] Seither haben sich Wahlkampf und Politik zu einem dauernden Medienspektakel gewandelt. Medienpräsenz ist zu einer Voraussetzung für den Erfolg eines Politikers geworden.[3]

Siebzig Millionen Amerikaner schauten zu, als sich John F. Kennedy und Richard Nixon am 26. September 1960 im Studio des Fernsehsenders CBS in Chicago zur ersten Debatte zweier Präsidentschaftskandidaten trafen. Nixon sah blaß aus und kränklich, er litt nach einer Grippe noch unter Fieber, und sein heller Anzug hob sich nur schwach vom grauen Dekor des Studios ab. Er hatte sich zudem nicht schminken lassen, und sein starker Bartwuchs ließ ihn unrasiert erscheinen. Sein Blick schnellte nervös hin und her. Kennedy dagegen, entspannt und gebräunt, wirkte kräftig. Sein dunkler Anzug kontrastierte gut mit der hellen Studiowand. Der Senator hatte sich beraten lassen, wie er vor der Kamera sitzen sollte (mit geschlossenen Beinen) und wohin er schauen mußte, wenn er nicht sprach, nämlich zu seinem Rivalen hinüber. Obwohl er als Politiker weniger erfahren war als der Vizepräsident Nixon, kam er außerdem direkter zur Sache.

Nach der Debatte waren sich die meisten Fernsehbeobachter einig, daß Kennedy das Duell gewonnen hatte, und zwar nicht aufgrund der Schlüssigkeit seiner Aussagen, sondern wegen der Qualität der Vorstellung. Demgegenüber kamen Radiohörer zu dem Schluß, Nixon habe besser abgeschnitten, und die *New York Times* fand, daß Nixon, betrachte man allein die Stärke der Argumente, wohl meistens die Nase vorn gehabt habe. Spätere Auftritte von ihm waren nicht stark genug, um den schlechten Eindruck der ersten Debatte zu verwischen.

Kennedy gewann bei 68,3 Millionen abgegebenen Stimmen die Wahlen mit einem knappen Mehr von 119 000. Nachher waren sich beide Kandidaten einig, daß die erste Fernsehdebatte dem Sieger geholfen hatte, den entscheidenden Vorsprung herauszuholen.

Obwohl der angesehene amerikanische Zeitungskolumnist Walter Lippmann schrieb, künftig werde kein Kandidat für ein höheres politisches Amt diese Art von Konfrontation vermeiden können, kam es sechzehn Jahre lang zu keinem Fernsehduell mehr zwischen den Präsidentschaftsanwärtern.

Die erste Fernsehdebatte auf der Bühne eines Theaters in Philadelphia zwischen dem amtierenden Präsidenten Gerald Ford und seinem Herausforderer, dem früheren Erdnußfarmer und Gouverneur von Georgia, Jimmy Carter, blieb in Erinnerung, weil mitten in der Diskussion der Ton ausfiel und beide Kandidaten, sichtlich verlegen, 27 Minuten lang stumm und wie Roboter hinter ihren Stehpulten verharrten. In der zweiten Debatte beging Gerald Ford den gravierenden Fehler, die Frage eines Korrespondenten der *New York Times* nach dem Einfluß der Sowjetunion in Osteuropa mißverständlich zu beantworten und die Macht Moskaus herunterzuspielen. In der Folge kamen die meisten Experten zu dem Schluß, daß der peinliche Versprecher vor über 100 Millionen Fernsehzuschauern Ford die Wahl gekostet hatte.

Auf Vorschlag des begabten Debattierers Bill Clinton fand 1992 in Richmond, Virginia, erstmals eine Debatte als »town hall meeting« statt, bei welcher nicht mehr wie bisher Medienvertreter, sondern Leute aus dem Publikum die Fragen stellten. Hier fiel der amtierende Präsident George Bush unvorteilhaft auf, als er während der Sendung zweimal ungeduldig auf die Uhr schaute.

Wie sehr ein amerikanischer Präsident sein Ansehen und seine Popularität durch geschickten Umgang mit den Medien erhalten muß, zeigte Präsident George W. Bush nach seiner knappen Wahl im Jahre 2000 schon kurz nach Beginn seiner Amtszeit. Nicht eben bekannt für rhetorische Brillanz und Weltläufigkeit, versprach er ein geradezu unerschöpflicher Quell parodiefähiger Verbalentgleisungen zu werden. Etwa seine scharfsinnige Beobachtung, daß die meisten Importe aus dem Ausland kämen, oder die tiefgründige Feststellung, daß Menschen und Fische in friedlicher Koexistenz leben könnten, und ähnliche unfreiwillige Komik machten ihn zum Gespött der Nation und der Weltöffentlichkeit. Es hieß beispielsweise, er lerne gerade Englisch als Zweitsprache.

Die Sammlungen präsidialer Sprachschnitzer wurden immer zahlreicher und besonders gern im Internet nachgelesen. Sie wurden von einem Journalisten als Buch unter dem Titel *George W. Bushisms* herausgegeben, welches nun allerdings insbesondere dem Präsidenten selbst zur Vorbereitung seiner Reden diente. In offensiver Selbstironie bezog er sich jetzt auch auf seine angeblich beschränkten intellektuellen Fähigkeiten. Durch diese Flucht nach vorne gelang es ihm, seine tatsächlichen Schwächen publikumswirksam zu verwerten.

Seine Neigung zu kurzen, schnell zitierbaren Sätzen kam ihm insbesondere im Fernsehen zugute. George Washington, der seine Inaugurationsrede seinerzeit nur vor kleinem Publikum halten konnte, hätte es schwerer gehabt. Seine Sätze von bis zu 87 Wörtern wären nach heutigem Maßstab kaum televisionsfähig gewesen. Im Lauf der Zeit hat sich die durchschnittliche Wortzahl pro Satz in den Amtsantrittsreden auch deutlich verringert – jene Bushs liegt bei 24 im Gegensatz zu 44 bei Washington. Die Zahl der Fernsehauftritte hingegen ist in den vergangenen Jahren steil gestiegen. Harry Truman wandte sich 88mal pro Jahr an die Nation, Ronald Reagan bereits 320mal und Bill Clinton gar 550mal.

Auch in Deutschland setzen Parteien immer mehr auf Aktionen und Inszenierungen, die auf das Fernsehbild und nicht auf das Straßenbild abzielen. Gerhard Schröder entwickelte durch die Darstellung seiner menschlich-sympathischen Seite ein künstliches Mediencharisma. Er brillierte im »Unterhaltungswahlkampf« u. a. durch seine Rolle in einer RTL-Soap, wo er ausgesprochen natürlich wirkte, wie der Nachbar von nebenan.

Der Zuschauer zieht unbewußt aus Mimik, Gestik und Bewegung Schlüsse, die zu seiner Meinungsbildung, zur unbewußten Zuschreibung von Eigenschaften führen. Oft ist es der erste Eindruck, an dem festgehalten wird, und dieser wird zu einem nicht unerheblichen Teil durch die körpersprachlich überzeugende Wirkung der Akteure erzeugt. Der umstrittene österreichische Politiker Jörg Haider beispielsweise kann durch subtile Teilinszenierungen seine Anhänger in Bann ziehen. Seine männlich wirkenden, markanten Gesichtszüge, sein stets brauner Teint und die Ausstrahlung sportlicher Geschmeidigkeit, seine Selbstdarstellung im gelben Overall als erfolgreicher Rennfahrer und als Bungee-Springer verleihen ihm die Aura von Stärke und Widerstandskraft und ermöglichen seinen Anhängern, eigene Minderwertigkeitskomplexe abzuwehren. Er bringt »die Rache des kleinen Mannes auf die politische Bühne«[4], und er inszeniert in einer eher anonymen Gesellschaft den Nähe-Wunsch, den Wunsch nach einer »short-distance-society«.

Es hat den Anschein, daß politisch wichtige Entscheide wie die Wahl eines Regierungschefs von Zufälligkeiten abhängen wie der Einstellung einer Kamera, der Tagesform der Akteure, ihrer Aufmachung und Mißverständnissen, vom symbolischen Gehalt von Details also und nicht von langfristigen Leistungen und den politischen Programmen und Inhalten. In die Medienfalle tappt hier nicht der Akteur, sondern mitunter eine ganze Nation, deren langfristige Entscheide auf der Augenblickswahrnehmung und den momentanen Eindrücken beruhen.

Die Macht der Medien als Wirklichkeitskonstrukteure zeigte sich in eindrücklicher Weise in der Art, wie die Sendung *Big Brother* einen völlig unbekannten Container-Bewohner, den 24jährigen Zlatko Trpkorski in nur einer Woche nach dem Ausscheiden aus dem Container so bekannt machte wie Gerhard Schröder und Franz Beckenbauer. Der arbeitslose Industriemechaniker wurde zum Kultstar in allen Medien. Einer, der nicht besser singen, malen, schauspielern oder Fußball spielen kann als irgendein anderer, wird zum Star emporstilisiert, und er ist und bleibt ein Star, nur weil er ein Star ist, ohne jedes Talent oder irgendeinen Leistungsausweis.

Eine blindwütige Massenidealisierung findet statt, der Fanatismus hat sich vom Inhalt losgemacht und wird zu einer Idealisierung um der Idealisierung willen, einer Heldenverehrung im Leerlauf. Die Gesichter der neuen medienfabrizierten Prominenten haben allerdings eine Halbwertszeit von oft nur wenigen Wochen oder Monaten. So erleiden sie ein Schicksal ähnlich jenem von Kinderstars, die eines Tages merken, daß sie eine große Zukunft hinter sich haben.

Daß der massenbewegte Personenkult inhaltsleer ist, ist vielleicht ein Grund zur Beruhigung, und dieses Phänomen könnte als harmlose spielerische Angelegenheit betrachtet werden. Aber ein Unbehagen bleibt ob der Frage, mit welchen Inhalten sich solche unkritischen Massenerscheinungen verbinden könnten. Eine gewisse Ironie in diesem Zlatko-ismus in der Weise, daß Idealisierung in ihr Gegenteil gewendet wird, ist unübersehbar und zeigte sich beispielsweise darin, daß die Wucht der Massenaggression als narzißtische Wut sich voll an anderen Kandidaten entlud. Etwa an Sabrina, die zur eigentlichen Haßfigur wurde und deren kleines Privatleben von der Boulevardpresse schonungslos offengelegt wurde: Konkurs ihrer Dachdeckerfirma, hohe Schulden, dreifacher Betrug.

Daß Menschen mit Medien übelste Erfahrungen machen und von diesen schonungslos an den Pranger gestellt werden, ist eine sehr alte Erfahrung und kommt in bitterbösen und ironischen Kommentaren zahlreicher Geistesgrößen zum Ausdruck. Pointiert war das Urteil von Oscar Wilde: »In früheren Zeiten hatten die Menschen die Folter. Jetzt haben sie die Presse.«[5] Der englische Dramatiker Tom Stoppard sagt in einem seiner Stücke: »Natürlich bin ich für die Pressefreiheit. Nur die Zeitungen kann ich nicht ausstehen.«[6] Kierkegaard, der mit dem Journalismus auf Kriegsfuß stand, schrieb: »Wahrhaftig, wenn die Tagespresse wie andere Gewerbetreibende verpflichtet wäre, ein Schild auszuhängen, so müßte darauf stehen: Hier werden Menschen demoralisiert, in der kürzesten Zeit, im größten Maßstab, zum billigsten Preis!«[7]

Die Clinton-Lewinsky-Affäre im Jahre 1998 zeigte, wie auch der mächtigste Mann der Welt, der einen Atomkoffer bei sich trägt, keinen Sonderstatus genießt, wenn seine moralisch-sexuelle Integrität in Frage steht. Mit einem wahrhaften sexuellen McCarthyismus wurden seine erotischen Umtriebe verfolgt und in allen Details publiziert. Als er im September 1998 seine Ansprache vor den Vereinten Nationen in New York hielt, strahlten die führenden amerikanischen Fernsehstationen nicht wie gewöhnlich Ausschnitte aus seiner UNO-Rede aus, sondern zeigten die vierstündige Aufzeichnung seiner Einvernahme durch die Grand Jury in der Affäre Monica Lewinsky. Das Parlament scheute sich nicht, mit Rücksichtslosigkeit die Intimsphäre des Präsidenten an die Öffentlichkeit zu kehren und damit auch die Institution der Präsidentschaft der Lächerlichkeit preiszugeben.

Daß Spitzenpolitiker mit schweren Depressionen und Suizid reagieren können, wenn sie in ihrer diskreten Sphäre und in ihrer Würde massiv verletzt werden, hatte die schweizerische Öffentlichkeit im 19. Jahrhundert erlebt, als sich der designierte Bundespräsident Fridolin Anderwert am Weihnachtsabend in der Parkanlage vor dem Bundeshaus in Bern durch einen Revolverschuß das Leben nahm. Er war kurze Zeit vorher in einer Karikatur sowie in der Satirezeitschrift *Nebelspalter* und in anderen Zeitungen persönlich angegriffen und übel verleumdet worden. Die Anwürfe trafen Anderwert in einem Moment, da er gesundheitlich schwer angeschlagen war – sie sollen den körperlich geschwächten und psychisch Widerstandsunfähigen zum Selbstmord getrieben haben.[8]

16.
Spaß und Ernst: Der 11. September 2001

Das isovalente Zeitalter ist für den oberflächlichen Spaß ein geradezu idealer Nährboden. Die in ihm vorherrschende Distanzlosigkeit, die Oberflächlichkeit und Schnellebigkeit fördern förmlich den üppigen Wildwuchs schalen Humors. Die Gesellschaft des letzten Jahrzehnts des 20. Jahrhunderts wurde denn oft als »Spaßgesellschaft« bezeichnet.

Nach dem Fall der Berliner Mauer 1989 und dem Wegfall des politischen West-Ost-Konflikts waren der Ernst der existentiellen Bedrohung und der ideologische Wettstreit um die antagonistischen sozialen Systeme behoben. Sorglosigkeit und Unbekümmertheit traten an die Stelle von ernster Besorgnis. In diesem unbeschwerten Klima erfüllte der Humor nicht mehr die Funktion von Inferioritäts- oder Schreckensabwehr, sondern, umgekehrt, jene der Spannungserzeugung zur Überwindung von Leere und Langeweile. Er bekam daher einen künstlichen Charakter.

Diese Art von Humor gibt keinen Fingerzeig auf Tiefsinniges, Bedeutendes, Schreckliches oder Bedrohliches. Fehlende vitale Betroffenheit muß also artifiziell hergestellt werden und entbehrt daher der Echtheit. Sie ist kompensatorischer Natur. Die Inflation der Spaß- und Unterhaltungskultur wird durch die isovalente Nivellierung aller Lebensvollzüge gefördert.

Am Ende des 20. Jahrhunderts hat die Spaßkultur Einzug

in die Alltags- und Medienwelt gehalten und beeinflußt seither die Selbst- und Weltwahrnehmung in hohem Maße. Modedrogen gehören ebenso dazu wie Love und Street Parade, Markenkleider ebenso wie spezielle TV-Formate, in denen sinnfreies Lachen Trumpf ist. So entstand ein Markt der tausend Unverbindlichkeiten.

Es ist sinnvoll, nach den beiden unterschiedlichen psychodynamischen Funktionen des Humors zu unterscheiden: zwischen der *Spaßreaktion*, die der Abwehr von Schrecken und Inferiorität dient, und der *Spaßproduktion*, die der Abwehr von Leere und Langeweile dient.

Das Kamikaze-Attentat auf die Zwillingstürme in New York am 11. September 2001 brachte den Unterschied von Realität und Fiktion auf drastische Weise ins Bewußtsein. Mit Wucht brach der Ernst in die Spaßkultur ein. Die erste Reaktion war blankes Entsetzen. Plötzlich, ohne Vorwarnung, geschah das ganz und gar Unerwartete.

Menschen erschrecken, wenn das Bedrohliche sie jählings überfällt. Grauen beschleicht sie, wenn ihnen eine gänzlich unvertraute Bedrohung entgegentritt. Entsetzen, die höchste Steigerung des Schreckens, erfaßt sie. Nach den barbarischen Terroranschlägen war die lang vermißte Ernsthaftigkeit auf einmal wieder da, brach die äußere Wirklichkeit brutal in die Medienwelt des Spiels und der Fiktionen ein.

Sowohl die Terroranschläge als auch die mit Milzbrandbakterien verseuchten Briefsendungen in den folgenden Tagen und Wochen erschütterten das Vertrauen in die öffentliche Sicherheit. Eine Distanzierung nach dem Goetheschen Diktum »wenn hinten, weit, in der Türkei, die Völker aufeinanderschlagen«[1] war nicht mehr möglich. Auch für Journalisten ist ein Live-Erlebnis etwas anderes als eine Meldung über internationale Agenturen.

Die Realität hat die Horrorphantasien von Hollywoods Alptraumfabriken bei weitem übertroffen, als sich die 417 Meter hohen Wahrzeichen Manhattans in eine riesige Staubwolke auflösten. Hollywood hat in seinen Katastrophenfilmen der 90er Jahre diese Bilder bereits naturgetreu herbeiphantasiert: Die Bilder der einstürzenden Zwillingstürme und des rauchenden Pentagons rufen die Erinnerung an den Blockbuster *Independence Day* wach, in dem Außerirdische das Kapitol und ganz Manhattan buchstäblich vaporisieren. In solchen Filmen weiß man allerdings – auch wenn die Handlung mit ihrem Naturalismus einen noch so gefangen nimmt – spätestens am Ende der Vorführung, daß es sich um Fiktion handelt. Am 11. September aber wurde die strotzende Supermacht aus ihren Hollywood-Horrorspielen in den Horror der eigenen Verwundbarkeit katapultiert.

Die repetitive Vorführung der Schreckensbilder im Fernsehen verstärkte beim Publikum das Gefühl von der Hilflosigkeit einer Weltmacht gegenüber einer kleinen Schar von Terroristen. Die Verletzlichkeit der westlichen Zivilisation war auf erschütternde Weise ins Bild gebracht worden. Der Ausspruch Baudrillards von der »Welt als Geisel« fand auf grausamste Weise Bestätigung in der Realität.

Die reale Betroffenheit zeigte zwei Aspekte: erstens verletzten Stolz und zweitens die Bewußtheit der fortgesetzten realen Bedrohungslage. Mit der Zerstörung symbolischer Gebäude wie des World Trade Centers und des Pentagons wurde den Vereinigten Staaten Schmach zugefügt. Zudem wurde der Weltöffentlichkeit jedoch bewußt, daß sie die Segnungen der Technik mit der Allgegenwart ihres tödlichen Mißbrauchs bezahlt. Niemand ist sicher, die Angst ist überall, der Feind ist omnipräsent – darin lag die Botschaft des 11. Septembers 2001.

Die Isovalenz hat auch die Bedrohung erfaßt. Das Grundgefühl von Vertrauen in die Lebenssicherheit wurde in beträchtlichem Maße erschüttert. Die isovalente Enthierarchisierung gestattet den Zugang aller zu den gefährlichsten Vernichtungsinstrumenten. Auch Laien vermögen Passagiermaschinen in lebendige Raketen zu verwandeln. Der Gegner ist unsichtbar, seine Motive sind unklar und seine Waffen unkonventionell.

Dies trifft auch auf den Cyber-Terrorismus und Datenvandalismus zu. Der Kleinkrieg mit Viren, Würmern und Trojanischen Pferden fordert zwar keine Todesopfer, aber Zeit und Nerven und viel Geld. Auch ein bloßer Jux kann großen Schaden anrichten, wie beim ersten Internet-Wurm der Geschichte geschehen, den im November 1988 der Informatikstudent Robert Tappan Morris aus reiner Experimentierlust losschickte und der Tausende von Computern lahmlegte.[2]

Der Anschlag auf Amerika machte sowohl den Gegensatz von Realität und Fiktion als auch jenen von Ernst und Spaß deutlich. Das Datum »11. September« wurde in den folgenden Monaten denn auch zum Reverenzpunkt jeder Kulturäußerung. Es entfesselte vor allem eine fieberhafte Diskussion unter Intellektuellen, die offensichtlich alle den Wettbewerb »Wer hat zuerst den Anfang einer neuen Epoche erkannt und diese definiert?« gewinnen wollten.

Vor allem wurde geradezu marktschreierisch das Ende der

Spaßgesellschaft verkündet. Im Brustton der Überzeugung wurde von der Spaß- und Unterhaltungsgesellschaft Abschied genommen und ein Sinn-Zeitalter mit moralischen Bezügen eröffnet. Auch diese eilfertige Deutungsbetriebsamkeit stand im Dienste einer Schreckens- und Trauerabwehr.

Die kurzfristigen kulturellen Reaktionen des politischen Erdbebens ließen jedoch erkennen, daß die Spaßgesellschaft kein völliges, sondern nur ein halbes Ende gefunden hat. Jene Form von Spaß und Unterhaltung, die der Abwehr von Langeweile und der künstlichen Erzeugung von Spannung dient, die Spaß*produktion* also, hatte angesichts der realen Apokalypse keine Aufgabe und daher keine Daseinsberechtigung mehr. Die Spaß*reaktion* aber, die der Schreckensabwehr dient, lebte neben anderen Bewältigungsritualen fort.

Am deutlichsten sichtbar wurde der Rückgang von Spaßproduktion im nachlassenden Interesse an den künstlichen Helden von Reality-Shows. Folglich verzichtete die Fernsehanstalt ABC auf die Erstausstrahlung ihrer neuen Reality-Show *The Runner* im Januar 2002.[3] Äußerst populäre Quiz-Shows wie *Who wants to be a millionaire?* (ABC) oder *Weakest Link* (NWB) haben an Zuschauern verloren.[4] Das Wort »Survivor«, auch der Titel der erfolgreichsten Reality-Show, hat eine andere Bedeutung gewonnen: Überleben fand jetzt in New York oder Washington statt und hatte auf einer exotischen Insel, im australischen Hinterland oder in der afrikanischen Steppe nichts mehr zu suchen.

In der realen Tragödie verfielen Klatschkolumnisten, deren Enthüllungen über Ehekräche oder Entziehungskuren von Prominenten seit Jahren den Voyeurismus der Amerikaner bedienten, in Schweigen. Klatsch und Entertainment wurden zunächst für einige Tage aus dem Rampenlicht gewiesen, fanden jedoch bald ihre Form wieder, um der Öffentlichkeit als Ventil für Wut und Trauer zu dienen.[5] Gelähmt waren auch die Globalisierungskritiker, für die die Symbole, mit denen sie eindrucksvolle Menschenmengen mobilisiert hatten, durch deren Bedeutungswandel schwierig geworden waren – ob diese nun Weltwirtschaftsgipfel hießen oder McDonalds.

Mußte seit dem 11. September 2001 Horror zwar nicht mehr produziert, so mußte doch weiterhin darauf reagiert werden. Spaßreaktionen florierten also: Ein Fotograf schoß vom Dach seines Wohnhauses in Brooklyn aus einer Entfernung von fünf Kilometern ein Bild vom brennenden World Trade Center, in welchem bei genauerem Hinsehen angeblich das Gesicht des Teufels sichtbar wird. Dieses Bild wurde in die ganze Welt verschickt und im Internet für zehn Dollar angeboten.[6] Weltweit zirkulierte über SMS und E-Mail der Witz: George Bush habe ein Angebot von Osama bin Laden zu einer Schachpartie zurückgewiesen wegen der unfairen Ausgangssituation aufgrund der fehlenden »Türme«.

Mit Gelächter wollte man sich vom Schrecklichen entlasten. In den USA war zwar die Stimmung an Halloween, dem Fest der Geister, gedämpft und waren statt furchterregender Kostüme für die Darstellung von Hexen, Monstern, Vampiren und Werwölfen Uniformen von Patrioten wie Feuerwehrleuten, Polizisten und Sanitätern gefragt.[7] Von Nordirland bis Mexiko aber waren Osama-bin-Laden-Masken der Renner und tauchten auf den Halloween-Feiern Doppelgänger des weltweit meistgesuchten Terroristen auf.

Am Central Park in New York waren in der ersten Novemberhälfte die Restaurants jeden Abend gefüllt.[8] Der Marathon von New York am 4. November war ein voller Erfolg.[9] Und es war wohl ein Zeichen wachsender Normalität, daß am 8. November nur eine der vier großen US-Fernsehgesellschaften die Rede von George W. Bush zum Stand der inneren Sicherheit direkt übertrug. Die übrigen Sender blieben ihrem gewohnten Programm mit seichten Seifenopern und der Reality-Show »Survivor« treu.

Daß Spaß auch in Zeiten größter Katastrophen nicht zugrunde gerichtet werden kann, zeigte Ende Oktober 2001 ein Beschluß der Schweizer Landesregierung: Nachdem das Land innerhalb weniger Wochen von mehreren apokalyptischen Krisen heimgesucht worden war – zuerst ein Amoklauf im Zuger Parlament, bei dem 14 Politiker getötet und weitere 15 verletzt wurden, dann das Grounding der Swissair-Flugzeuge und schließlich das Inferno im Gotthard-Tunnel –, beschloß diese eine flächendeckende Einrichtung von Spielbanken in weltweit höchster Dichte.

Obwohl die Unterhaltungs- und Spaßgesellschaft also mehr oder minder weiter funktionierte, war die Vehemenz, mit welcher Intellektuelle deren Ende feststellten, prognostizierten oder forderten, symptomatisch für die kulturelle Verfaßtheit der Gesellschaft. Wenn die Spaßkultur bisheriger Art ein Auslaufmodell sein sollte, so ist dies nicht eine Folge des 11. Septembers, des Brands im eigenen Haus. Vielmehr ist dies Ausdruck eines Burnout-Syndroms eben dieser Spaßkultur und der Empörung der Opfer der Unterhaltungsgesellschaft, jener Interessenvertreter von Ernst und Ernsthaftigkeit nämlich, die dem öffentlichen Diskurs seine Tiefendimension zurückgeben wollen.

Der 11. September brachte die bereits bestehende »Spaßkrise« nur an die Oberfläche. So schrieb beispielsweise Diederich Diederichsen in der *taz*: »Der 11. September war das überfällige Ende der seit zwei Jahrzehnten kursierenden Überzeugung, daß ›die Medien‹ eine einzige andere und geschlossene Welt wären. Mit dem beliebten Baudrillardismus müßte man jetzt endlich aufhören können.«[10] Und Politycki schrieb ebenda: »Wer jetzt die Ironie zur Untugend erklärt, den haben die Anschläge vom 11. September wirklich erreicht.«[11]

Das Ende der Spaßproduktion wird zwar in erster Linie von den hohen Geistern der »Ernstkultur« gefordert und auch betrieben. Es kann aber angenommen werden, daß auch die breiten Massen dieses herbeiwünschen, aus einer physiologischen Erschöpfung durch Übersättigung heraus. Die menschliche Natur sucht die Abwechslung. Sigmund Freud erklärte diesen Sachverhalt wie folgt: »Was man im strengsten Sinne Glück heißt, entspringt der eher plötzlichen Befriedigung hoch aufgestauter Bedürfnisse und ist seiner Natur nach nur als episodisches Phänomen möglich. Jede Fortdauer einer vom Lustprinzip ersehnten Situation ergibt nur ein Gefühl von lauem Behagen; wir sind so eingerichtet, daß wir nur den Kontrast intensiv genießen können, den Zustand nur sehr wenig.«[12] Goethe hatte dies bereits gewußt: »Alles in der Welt läßt sich ertragen / Nur nicht eine Reihe von schönen Tagen.«[13]

Zwischen Ernst und Spaß, Tiefsinn und Oberflächlichkeit läuft ein Wechselspiel nach Art der Sinus-Cosinus-Kurve ab, wie bei anderen Erscheinungen des Lebens auch. Es gibt allerdings zwei Gründe, welche in längerfristiger Sicht den

Vorrang von Unterhaltung und Spaß gegenüber dem Ernst zu garantieren scheinen.

Erstens ist die isovalente Kultur ernstfeindlich. Sie fördert grundsätzlich den Flachsinn. Die gehobene Form des Witzes ist, weil »Abkürzung zum Ziel« ihr Rezept ist, auf Fallhöhen und Distanzen angewiesen, welche die isovalente Gesellschaft eben nicht anbietet. Zweitens wird in Zeitperioden von Ereignislosigkeit und Friedfertigkeit der Schrecken immer wieder künstlich erzeugt, und zwar nicht nur, um die Langeweile zu vertreiben, sondern als ein sogenannter kontraphobischer Vorgang.

Es handelt sich dabei um eine verbreitete Form der Angstbewältigung, nämlich die Neigung, eine Gefahrensituation in der Realität oder in der Phantasie aufzusuchen, um sich ihrer Harmlosigkeit zu versichern. Daß eine Bedrohung nur im Bereich des Möglichen liegen könnte, kann man nicht auf sich beruhen lassen, weshalb man sie in der Vorstellung heraufbeschwört oder auch in der Realität inszeniert, um sich mit ihr vertraut machen zu können. Oftmals ist etwa die Wahl des Medizinstudiums kontraphobisch motiviert. Indem der Medizinstudent sich mit den Krankheiten vertraut macht, kann er sie besser beherrschen.

Auch Abenteuerlust oder Mutproben folgen häufig diesem Mechanismus. Dieser ist meistens ein unbewußter, beim einzelnen oder im Kollektiv ablaufender Vorgang. Er äußert sich auch in Form von Haßliebe gegenüber einem Objekt oder einem Mitmenschen, der zu einer Art Intimfeind wird, den man packen und nicht loslassen will, um ihn unter Kontrolle zu halten.

Mitunter besteht dieser Mechanismus, der sogar sadistische Erscheinungsformen annehmen kann, darin, daß Angst bewältigt wird, indem man sie in Lust verwandelt. Die Spaß-produktion ist unter diesem Aspekt also eine Angstproduktion.

Hollywoodsche Schreckensproduktionen werden immer wieder aktiviert werden, wenn die realen Ängste in Vergessenheit geraten sind. So wechseln sich Perioden des Ernstes und Perioden des Spaßes ab, in unterschiedlicher Kadenz, so wie Regierung und Opposition in einem Zweiparteiensystem.

17.
Die verlorene Ehre der koreanischen Mutter[1]

Am 20. November 1995 wurde in der angesehenen gutbürgerlichen Tageszeitung der Stadt Biel folgender Bericht publiziert: »Eine heute 23jährige Frau ist in Biel-Schönau zwischen ihrem 9. und 16. Lebensjahr von ihrem Vater mehrmals vergewaltigt und körperlich mißhandelt worden. Ihre Mutter soll dabei manchmal mitgewirkt haben. Die Eheleute wurden im Oktober 1994 verhaftet und sind nur zum Teil geständig. Aufgrund der gesicherten Spuren besteht für die Ermittlungsbehörden der dringende Tatverdacht, daß der 46jährige Mann noch andere Frauen mißbraucht hat.«

In einer Gratiszeitung, die an alle Haushalte verteilt wird, wurde der Bericht mit folgenden fettgedruckten Zeilen eingeleitet: »Über sieben Jahre hinweg hat ein sadistischer Computer-Fachmann seine Tochter regelmäßig ausgepeitscht, mit Handschellen gefesselt und sexuell mißbraucht. Die Mutter ließ alles geschehen.«

Im Boulevardblatt erschien die Meldung auf der Titelseite mit der Schlagzeile: »Horrorhausfrau von Biel/Bestialische Eltern/Tochter sieben Jahre angekettet, ausgepeitscht, vergewaltigt: Scheußlich! Jahrelang wurde ein junges Mädchen vom Vater vergewaltigt, gefesselt und ausgepeitscht. Und die Mutter ließ es geschehen! Warum nur? Unfaßbar! Es passierte in einer Reihenhaussiedlung in Biel-Schönau. Das Monster, der Teufel – er hat ein Gesicht: Es ist Walter S., heute 46 Jahre alt, EDV-Fachmann bei einer Bank.« Auf der Rückseite war das Reiheneinfamilienhaus abgebildet mit der Bildunterschrift: »Ort des Grauens: Die Wohnsiedlung ›Sonniger Hof‹«.

Vier Tage später erschien in der Sonntagsausgabe des Boulevardblattes zu der Affäre, über welche auch im lokalen und nationalen Fernsehen berichtet worden war, eine Skizze des dreistöckigen Hauses mit Bezeichnung der verschiedenen Räume nebst folgendem Bericht: »Im Keller entdeckte mysteriöse Grube: Das Horrorhaus von Biel-Schönau birgt noch mehr schreckliche Geheimnisse: Im Keller des Tochterschänders Walter S. (46) fand die Polizei eine mysteriöse Lehmgrube! *Sonntagsblatt* enthüllt, was die Untersuchungsbehörden aus ermittlungstechnischen Gründen unter dem Deckel hielten: die Existenz einer Grube im Kellerboden des Horrorhauses – zwei Meter lang, einen Meter breit. Aber wie tief? Darüber rätseln die Behörden. Denn irgend jemand hat die Grube wieder mit Lehm aufgefüllt! Weil der Mieter des Hauses, Walter S., das Erdloch nicht mehr brauchte? Weitere Rätsel, weitere Fragen: Diente die Grube als Verlies? Erinnerungen an den belgischen Kinderschänder Marc Dutroux werden wach. Oder war sie als letzte Ruhestätte gedacht?«

Ende November 1995 verteilte die Kantonspolizei an die Bewohner des Viertels ein Flugblatt mit folgendem Text: »An die Sonniger-Hof-Bewohner: Im Zusammenhang mit einem Ermittlungsverfahren der Untersuchungsbehörden werden ab heute auf dem Grundstück der Liegenschaft Sonniger Hof 71 Grabarbeiten durchgeführt. Bitte haben Sie Verständnis dafür, daß wir Ihnen über die Hintergründe dieser Aktion noch keine Angaben machen können. Die Medien und damit auch Sie werden im Verlaufe des Nachmittags informiert. Folgende Hinweise sollen Ihnen helfen, daß Sie sich während der Aktion, die einige Tage dauern kann, in ihrem Quartier trotz unumgänglicher Maßnahmen möglichst frei bewegen können: Halten Sie sich bitte außerhalb der Absperrungen auf, und befolgen Sie die Weisungen der Polizei. Falls Sie von Journalisten über die Verhältnisse im Hause Sonniger Hof 71 befragt werden sollten, möchten wir Sie darauf hinweisen, daß Sie gegenüber den Medien in keiner Weise auskunftspflichtig sind. Pressevertreter der Kantonspolizei sind während der Dauer der Grabarbeiten in Ihrem Quartier vor Ort. Die Journalisten werden über den Stand der Aktion aktuell informiert. Foto- und TV-Teams werden durch Polizeibeamte begleitet. Wir danken Ihnen für das Verständnis und Ihre Mithilfe. Ihre Kantonspolizei.«

Ebenfalls Ende November meldete das Boulevardblatt, daß die gefolterte Tochter drei Jahre vor der Verhaftung der Eltern »untertauchen mußte« und erst jetzt wieder mit der aus der Untersuchungshaft entlassenen Mutter zusammentraf, auf deren Wunsch hin. »Jetzt will sie von ihr wissen: ›Warum hast du das alles zugelassen?‹« In derselben Ausgabe war auch ein Interview mit einem Psychotherapeuten sowie einem Kinderpsychiater der Psychiatrischen Universitätsklinik zu lesen. Sie äußerten sich, ohne die Mutter untersucht zu haben, zu der Titelfrage: »Warum hat die Mutter nichts gesagt, als ihr Kind vergewaltigt und ausgepeitscht wurde?« Der Psychotherapeut antwortete: »Weil sie das Gleichgewicht in der Beziehung aufrechterhalten wollte. Wenn die Frau etwas sagt, muß sie es büßen. Dann gibt es auch Frauen, die Sex weniger gern haben als Männer. Die Frau war möglicherweise froh, daß sie sich vom Sex fernhalten konnte. Ihr Mann kam nicht auf sie zu, er machte es ja mit der Tochter. Solche Frauen schämen sich, einen solchen Mann geheiratet zu haben und mit einem Kinderschänder zusammenzuleben. Sie schauen einfach weg.« Der Kinderpsychiater von der Universitätsklinik fügte hinzu: »Wenn die Frau reklamiert hätte, wäre es zum Konflikt zwischen ihr und ihrem Mann gekommen. Sie hatte Angst, ihren Mann zu verlieren. Wenn sie Anzeige erstattet hätte, wäre die ganze Maschinerie der Justiz in Gang gekommen. Der Vater kommt hinter Gitter, und sie verliert ihren Partner. Und gleichzeitig verliert das Mädchen seinen Vater. Das sind große Ängste.«

Ende Februar 1996 teilte der Staatsanwalt, der am Bildschirm wiederholt mit besorgt-ernster und bedeutungsschwerer Miene zu dem Fall wie zu einem nationalen Unglück Stellung bezogen und dabei auch die belgische Dimension angedeutet hatte, mit, daß er beim zuständigen Gericht gegen die Eltern Anklage erhoben habe. Der Vater müsse sich wegen mehrfacher Freiheitsberaubung und qualifizierten Sexualdelikten verantworten. Die 57jährige, aus Südkorea stammende Mutter wurde der Freiheitsberaubung und der Gehilfenschaft angeklagt.

Im Oktober 1996 wurde der geständige Vater zu einer Freiheitsstrafe von fünfzehn Jahren Gefängnis verurteilt. Noch nie hätten Richter am Kantonsgericht einen so grausamen Fall von Inzest und Freiheitsberaubung zu beurteilen gehabt, berichtete das Boulevardblatt. Der Gerichtspräsident sagte vor der Urteilsbegründung: »Es fällt schwer, bei der Beurteilung solcher Straftaten die Objektivität nicht zu verlieren.« Das Strafmaß wurde später auf Anordnung des Bundesgerichts herabgesetzt.

Die Mutter hatte sich im Frühjahr 1998 vor dem Geschworenengericht in einem zwölftägigen Verfahren zu verantworten. Der Staatsanwalt warf ihr im wesentlichen vor, sie habe jahrelang die Folterung durch den Vater geduldet, obwohl sie in der kleinräumigen Wohnung in der Schönau das habe merken müssen. Durch diese Untätigkeit habe sie ihre elterliche Pflicht verletzt und sich so zur Gehilfin ihres Mannes gemacht. Er verlangte dreieinhalb Jahre Gefängnis für die Angeklagte, bei welcher inzwischen die Tochter wieder eingezogen war.

Das Gericht sprach sie aber von den meisten Anklagepunkten wie mehrfacher qualifizierter Freiheitsberaubung, Gehilfenschaft zu mehrfacher Unzucht und Gehilfenschaft zu mehrfacher Nötigung zu einer anderen unzüchtigen Handlung frei und verurteilte sie lediglich zu zwei Monaten Gefängnis unter Anrechnung von 46 Tagen entstandener Untersuchungshaft. Dies aufgrund der Annahme, die Mutter habe die Tochter zweimal abends im Bett gesehen, die Hände mit Handschellen auf dem Rücken gefesselt. Aufgrund der Beweiserhebung kam das Gericht zu dem Schluß, daß die Mutter von der sexuellen Ausbeutung nichts habe wissen können.

Eine auf Opferfragen spezialisierte Psychologin hatte vor den Geschworenen ausgesagt, daß eine Mutter von Inzest oft nichts mitbekomme, da dies z. B. dann passiere, wenn sie im Haushalt beschäftigt sei und nicht im entferntesten an so etwas denke. Das Kind werde meistens unter Druck gesetzt mit Worten wie: »Wenn du den Mund aufmachst, muß ich ins Gefängnis, und Mami ist dann arg traurig.« Aus Loyalität zur

Familie würden sexuell ausgebeutete Kinder dann sehr oft nichts sagen. Wenn die Mutter zufällig in eine solche Situation mit hineingerate und nichts dagegen unternehme, interpretierten Kinder, daß die Mutter dies toleriere. Selbst das, was der Vater mit ihnen in Abwesenheit der Mutter mache, müsse die Mutter in den Augen der Kinder wissen.

Eine Koreanerin erläuterte dem Gericht, daß die Familie in Korea sehr wichtig sei. Ein Grundsatz besage, die Familie gehöre zusammen, und Probleme in der Familie dürften nicht nach außen getragen werden. Sexualität sei in Korea ein Tabuthema, was von der Lehre des Konfuzius herrühre. Als Kind könne man weder seine Eltern noch eine andere erwachsene Person zu Sexualität befragen. Konfuzius verlange von den Kindern Respekt gegenüber den Erwachsenen.

Zweieinviertel Jahre nach dem Gerichtsurteil hob das Bundesgericht den Schuldspruch auf, da als nicht erwiesen galt, daß die Angeklagte von der Fesselung der Tochter gewußt habe, und wies eine neue Beurteilung durch das Geschworenengericht an. Der Staatsanwalt zog nun die Anklage zurück. Seit dem Urteil waren jetzt drei Jahre, seit der Verhaftung der Mutter fünfeinhalb Jahre verflossen, während derer sie mit dem schwerwiegenden Vorwurf und der Vorverurteilung lebte, eine Rabenmutter zu sein. Fünfeinhalb Jahre lang hatte sie in der Öffentlichkeit den Ruf einer Foltermutter gehabt, war von Nachbarn und Arbeitskolleginnen geächtet und gemieden worden, bis die Vorwürfe sich endlich in Luft auflösten.

Ihrem Psychotherapeuten war die koreanische Mutter im Dezember 1994 – wenige Tage nach ihrer Entlassung aus der

Untersuchungshaft – von ihrem Rechtsanwalt als Notfall zugewiesen worden zur Behandlung eines akuten depressiven Verzweiflungszustands mit suizidaler Färbung. Bis zum Gerichtstermin hatten 110 Sitzungen stattgefunden. Hier nun die Geschichte der Frau, wie sie sich ihrem Therapeuten darstellte.

Sie wurde 1943 im Norden Koreas geboren und wuchs bei ihren Eltern auf. Ihre ersten sechs Lebensjahre verbrachte sie in Seoul, wo der Vater als Gemeindeangestellter arbeitete. 1950 wurde er im Koreakrieg durch die Nordkoreaner verhaftet und geriet für sechs Jahre in Kriegsgefangenschaft. Die Mutter floh mit ihren damals zwei Töchtern in die Hauptstadt der Südprovinz. Dort besuchte das Mädchen, da es über keine staatlichen Papiere verfügte, zwei Jahre lang kirchliche Schulen. Ihre drei Jahre jüngere Schwester wurde wegadoptiert, da sie an den Folgen einer Mittelohrentzündung litt, für deren Behandlung keine Mittel zur Verfügung standen. Gleichzeitig kam ihr Halbbruder zur Welt, dessen Vater, ein koreanischer Kaufmann, die Familie materiell unterstützte.

1952 kehrte die Mutter mit beiden Kindern in den Norden zurück, in ein Städtchen unweit von Seoul. Dort besuchte die mittlerweile 9jährige anfangs kirchliche, später, nach Erhalt der Papiere, staatliche Schulen. Als sie 12 Jahre alt war, kehrte der Vater von der Kriegsgefangenschaft zur Familie zurück. Gemeinsam führten die Eltern nun einen Einkaufsladen, und die Familie lebte in gesicherten wirtschaftlichen Verhältnissen. 1957 kam ein Bruder zur Welt, der heute Bankangestellter, verheiratet und Vater von drei Kindern ist. 1958 folgte ein weiterer Bruder, heute Versicherungsagent, verheiratet und Vater von zwei Töchtern, 1960 schließlich

141

eine Schwester, heute Grundschullehrerin, verheiratet und Mutter einer Tochter. Von 1964 bis 1968 besuchte sie – die älteste Tochter – eine Krankenschwesternschule, wo sie auch eine Spezialausbildung in Narkose absolvierte.

Sie war als Schülerin sehr fleißig und erfolgreich. Zu einem (gleichaltrigen) Mann hatte sie ein prüdes, distanziertes Verhältnis ohne sexuelle Kontakte. 1967 kam sie, damals 24 Jahre alt, durch Vermittlung der katholischen Kirche zusammen mit fünfzehn anderen diplomierten Krankenschwestern in die Schweiz. Hier arbeitete sie zunächst drei Jahre in einer Rheumatologischen Klinik, dann zwei Jahre in einer Reha-Klinik und wohnte dort im Haus für das Pflegepersonal.

In dieser Zeit lernte die nunmehr 29jährige ihren zukünftigen Ehemann kennen, der sie in einem Elektro- und Haushaltgeschäft als Verkäufer bedient hatte. Obwohl sie an diesem Mann nicht besonders interessiert war, meldete er sich immer wieder bei ihr, und sie kochten und aßen zusammen. Trotz aller Versuche, ihn loszuwerden, kam er ihr alsbald immer näher. Als eines Tages auch ihre Eltern sie zur Heirat drängten, gab sie nach und heiratete ihn ohne Wissen über sein genaues Alter, seine familiäre Herkunft und berufliche Situation. Auf seinen Wunsch gab sie ihre Erwerbstätigkeit auf. 1972 wurde ihre Tochter und viereinhalb Jahre später ihr Sohn geboren.

Ihr Ehemann, der ihr gegenüber sexuell anspruchslos war, erwies sich als rechtschaffener und fleißiger Arbeiter, der sich trotz schlechter Schulbildung in einer angesehenen Firma als Computer- und Informatik-Autodidakt in eine gute Stellung emporarbeitete. Den größten Teil seiner Freizeit beschäftigte er sich in der engen Wohnung an seinem Computer und bildete sich weiter. Mit der Zeit aber traten Spannungen in der Ehe auf.

Er nörgelte penetrant an dem Wesen und Verhalten seiner Frau herum. Eines Tages rief er in ihr mit der Bemerkung, er habe das sichere Gefühl, nicht älter als vierzig zu werden, Existenzängste hervor. 1981, jetzt 38jährig, stieg sie daher wieder ins Berufsleben ein und nahm eine Stelle als Sachbearbeiterin in einer großen Handelsbank an. Sie bekam auch zunehmende Schwierigkeiten mit der heranwachsenden Tochter, die sie durch Faulheit, Lügen, Stehlen, Ungehorsamkeit und Nachlässigkeit in ihrem – für sie unerklärlich erfolglosen – erzieherischen Bemühen zur Weißglut trieb.

Bei ihrem Ehemann nahm sie mit der Zeit skurrile transvestitische und sado-masochistische Eigentümlichkeiten wahr, ein Interesse für Damenunterwäsche und Handschellen, die sie mit einigem Befremden in seinen persönlichen Sachen entdeckt hatte. Sie ordnete diese Interessen für sich der Kategorie »Sammeltrieb« zu und ließ sich durch seinen anfänglich spielerisch-lockeren Umgang mit seinen Neigungen über deren Ernsthaftigkeit hinwegtäuschen. Dem Familienfrieden zuliebe und in Verkennung der wahren Bedeutung zeigte sie ihm gegenüber eine schonungsvolle und verständige Haltung und hielt sich diplomatisch mit kritischen Fragen und Bemerkungen zurück.

Beide Kinder besuchten eine Waldorf-Schule. Die Tochter erwies sich als hochbegabte, aber wenig anpassungsfähige Schülerin und fiel durch ihre enorme Fettsucht auf. Im April 1992 zog sie, damals 19 Jahre alt, plötzlich aus dem Elternhaus aus, zuerst zu einer Freundin, später in ein städtisches

Jugendheim. Mutter und Bruder waren erleichtert, da sie sich ihrer dauernden fordernden exzessiven Ansprüche und Regelverstöße nicht mehr zu wehren wußten. 1994 wurden dann beide Eltern verhaftet, nachdem die Tochter auf Anraten ihrer Freundin und einer Opferberatungsstelle Anzeige erstattet hatte.

Die innere Entwicklung der Frau war in ihrer Kindheit und Jugend in Südkorea geprägt gewesen von der dominanten Haltung ihrer Mutter und sozialen Unterlegenheit ihres Vaters. Die Mutter führte zu Hause das Regiment, während der Vater, vor allem nach seiner Rückkehr aus der nordkoreanischen Gefangenschaft, von ihr als »Vater im Hintergrund« erlebt wurde. Die Mutter war auch beruflich bzw. geschäftlich erfolgreicher und trug mehr zum materiellen Familienunterhalt bei als er. Schon sehr früh entwickelte das Mädchen daher eine deutliche phobisch-ressentimentgeladene Abwehrhaltung gegenüber der väterlichen Autorität. Als er nach sechsjähriger Kriegsgefangenschaft plötzlich wieder vor der Haustür stand, lehnte sie ihn unverblümt ab. Sie identifizierte sich mit der Mutterrolle und nahm auch gegenüber ihren Geschwistern ersatzmütterliche Funktionen ein.

Ihre Persönlichkeit formte sich schon vor der Pubertät zu einem artigen, überbraven, puritanisch-frommen prüden Mädchen. Wohlverhalten und Artigkeit waren die höchsten Werte, denen sie nachlebte. Erotisch-sexuelle Erwartungen wehrte sie ab. Sie forcierte das Erfolgs- und Leistungsstreben in Schule und Freizeit.

Auch in ihrem späteren Leben betonte sie die soziale Rolle der Frau als Mutter gegenüber der erotischen als Partnerin. Diese Haltung zeigte sich bereits schon in der Bekanntschaft mit ihrem späteren Ehemann, dem sie von Anfang an in fürsorglicher Weise begegnete. Dessen Attraktivität bestand für sie vor allem in seiner kulinarischen Verführbarkeit und seiner durch sein Stehvermögen gegenüber ihren scharfen asiatischen Gewürzen bewiesenen Männlichkeit. Auch lebensbedrohliche gesundheitliche Probleme in seiner Kindheit (ein geplatzter Blinddarm) waren eine Herausforderung für ihren Helferwillen.

Diese in der Kindheit und Jugend angelegte altruistische und leistungsbetonte Haltung prägte auch ihr Ehe- und Familienleben. Ihr ganzes Leben und Streben bestanden in der Sorge um eine intakte Bilderbuchfamilie, in der beruflichen Förderung des Ehemannes und im Gedeihen ihrer Kinder. Ihr Bemühen galt immer dem familiären Zusammenhalt und Frieden. Das Schlimmste, was sie sich vorstellen konnte, war eine Scheidungsfamilie, in der ihre Kinder zu Schlüsselkindern werden konnten. Sie wollte diesen das Muster eines intakten Elternpaares mit einem tüchtigen, vorbildlichen Vater und einer sorgenden Mutter bieten.

So drängte sie ihre Kinder mit der notwendigen Strenge zu Tüchtigkeit und schulischen Leistungen, zeigte sich aber nachsichtig gegenüber den befremdlichen Sonderwünschen des Ehemanns, für dessen Vorbildlichkeit an Lerneifer, Fleiß und beruflichem Fortkommen sie höchste Achtung empfand. So nahm sie denn auch sein zunehmend autoritär-einengendes Verhalten ihr gegenüber in Kauf.

Bis etwa 1981 (als die Tochter 9 Jahre alt war und er mit dem Mißbrauch begann) war er gegenüber außerfamiliären Kontakten stets recht offen gewesen. Man empfing oft koreanische Gäste. Von da an aber schottete er die Familie ab, kritisierte unablässig an seiner Ehefrau herum und prägte immer mehr die ungeschriebene Hausordnung.

So verlangte er von ihr, daß sie ihr Kommen ausnahmslos ankündige. Kam sie von ihrer Arbeit oder vom Einkaufen nach Hause, mußte sie sich vorher telefonisch melden. Bewegte sie sich innerhalb des Reihenhäuschens, das sie bewohnten, von einem Stockwerk ins andere, hatte sie sich durch Räuspern, durch Anklopfen an die Tür etc. bemerkbar zu machen. Nahm sie ein Bad im oberen Stockwerk des Hauses, durfte sie dieses nicht verlassen, ehe sie ihren Mann zu sich gerufen hatte, damit er ihr als abschließendes Ritual den Rücken reinigte. Mißachtete sie solche Verhaltensvorschriften, machte er eine Szene, wobei allerdings meistens ein »böser Blick« genügte, um sie zur Ordnung zu ermahnen. Wenn sie einmal vergaß, die Haustür abzuschließen, wurde er wütend.

Dem Hausfrieden zuliebe fügte sie sich allen seinen Wünschen, zumal sie befriedigt darüber war, daß er ein Vorbild an Korrektheit und Arbeitsamkeit darstellte, sich mit dem Sohn gut verstand und ihre Kritik an der zunehmenden Unbotmäßigkeit und an den Autonomiedemonstrationen der Tochter teilte.

Die psychotherapeutische Behandlung war einerseits durch die Fremdsprachigkeit erschwert. Andererseits beeinträchtigen eine ausgeprägte Scheu, über peinlich berührende Dinge zu sprechen, und eine depressiv-bedrückte resignierte Stimmung oft die Klarheit ihrer Aussagen. Sie fühlte sich durch alles – die Vorwürfe der Tochter, den angeblichen Inzest und das Strafverfahren – in ihrem Stolz und in ihrer Würde getroffen und war fassungslos und sprachlos.

Über Monate war ihr Denken von zwanghaften suizidalen Inhalten beherrscht. Unzählige Male wiederholte sie, manchmal verschlüsselt, manchmal unverblümt-direkt die Bitte an den Therapeuten, ihr eine Todespille zu verschreiben. Sie wünschte sich, an einem tödlichen Hirntumor zu erkranken, und äußerte Neidgefühle gegenüber den Attentatsopfern von Luxor und den Toten bei dem Swissair-Absturz von Halifax.

Eindrücklich war für ihren Anwalt ebenso wie für den Therapeuten, daß sie den Inzestvorwurf ihrer Tochter über zwei Jahre nicht glauben konnte, sondern darin ein Phantasiegebilde vermutete. Sie war überzeugt, daß ihre Tochter bloß Märchen erzählte, um sich in Szene zu setzen und um materielle Vorteile zu erlangen. Als sie im März 1996 auf Drängen des Therapeuten das psychiatrische Gutachten der Kinderpsychiaterin über ihre Tochter las und sich dabei konkret und anschaulich mit den vorgeworfenen Taten ihres Ehemannes und den Auswirkungen auf die Persönlichkeit ihrer Tochter konfrontiert sah, kam ihre Überzeugung von der Unschuld ihres Mannes zum ersten Mal ins Wanken. Sie vermochte sich aber immer noch nicht in die Opferrolle der Tochter einzufühlen.

Auch in den folgenden Monaten konnte sie sich die Ungeheuerlichkeit und Abgründigkeit des Vorgefallenen nicht vorstellen. Erst als der Rechtsanwalt des Ehemannes sie über die Richtigkeit der Vorwürfe aufklärte und als ihr Ehemann schließlich verurteilt wurde, glaubte sie schließlich den Aussagen ihrer Tochter.

Sie wurde von einem Identitätscrash erfaßt und verfiel in eine schwere Depression. Kein Stein ihrer bisherigen Welt stand jetzt noch auf dem anderen. Es bestand eine völlige Inkongruenz zwischen der real erlebten Welt und der »nachträglichen Geschichtsschreibung«. Ihren Identitätsbruch äußerte sie mit Sätzen wie: »Ich bringe die Dinge nicht in eine Reihe, die Puzzlestücke nicht zusammen … Ich weiß nicht, wer mein Mann ist, was für eine Person … Wer bin eigentlich ich? Ich habe nicht nach meinen Bildern gelebt, sondern nach denen anderer. Ich habe verschiedene Ichs … Ich weiß nicht, wo mein Gefühl und der Verstand sind. Ich weiß nicht, ob es für den Mann ein Triumph oder eine Qual war, daß er mich über Jahre übertölpelt hat … Wenn ich an den Mann denke, den ich gekannt habe, dann vermisse ich ihn. Aber wenn ich den Mann sehe, der das gemacht hat, dann habe ich Mühe … Den Mann, der meine Tochter mißbraucht hat, könnte ich umbringen, aber den Mann, den ich gekannt habe, vermisse ich … Mein Problem ist, wie ich beide Männer in eine Reihe bringen kann …«

Die Umstellung von der erlebten auf die verstandene Sicht ihrer Vergangenheit war ein schmerzlicher Prozeß der Erkenntnis, der Jahre beanspruchte. Fest verankert in ihr war das Familienbild des treuen, bescheidenen und fleißigen Ehemannes, des braven Sohnes und der ungehorsamen Tochter und ihrer eigenen Rolle als Mutter, die nur für das Wohlergehen von Gatte und Kindern lebte.

Die Tochter erwies sich nach ihrer Rückkehr zur Mutter als nicht weniger schwierig als früher. Sie war äußerst aufdringlich, distanzlos, passiv abhängig, dabei fordernd, voller Rivalitäts- und Eifersuchtsgefühle gegenüber dem Bruder. Sie kontrollierte ihre Mutter auf Schritt und Tritt, wollte jederzeit über deren Aufenthaltsort und Tagesablauf Bescheid wissen (»Wann kommt Mami nach Hause?« – »Wo ist Mami gewesen?« etc.). Einerseits war sie kindlich-regressiv, neidete allen alles. Andererseits verhielt sie sich gegenüber der Mutter altklug-belehrend, gab sich emanzipiert. Sie machte sich zu Hause mit einer »Sauordnung« breit, formulierte aber gleichzeitig Ideale von Selbständigkeit. Gegenüber dem Bruder benahm sie sich rivalisierend, achtete genauestens darauf, wieviel Zuwendung er von der Mutter erhielt, und forderte für sich jeweils ein ebenbürtiges Maß an Aufmerksamkeit und an finanzieller Unterstützung.

Die plötzliche Erkenntnis über die Vorfälle in der Familie, die Beschuldigung durch ihre Tochter und durch die Anklagebehörde, die sechswöchige Inhaftierung und die Androhung einer mehrjährigen Gefängnisstrafe waren zweifellos geeignet, die koreanische Mutter in eine tiefe Depression zu stürzen. Sie war in ihrem eigenen Persönlichkeits- und Selbstverständnis zutiefst erschüttert, das Bild, das sie von ihrem Selbst, ihrem Lebensentwurf und ihrem sozialen Beziehungsgefüge hatte, war entzweigegangen, die Integrität ihres Identitätsbewußtseins zum Einsturz gebracht. Daß sie als Opfer des Ehemanns von Tochter, Justiz und Öffentlichkeit zur Mitangeklagten gemacht wurde, daß sie in der Tochter aufs Mal eine Rivalin sehen mußte, im treuen Ehemann einen Ehebrecher, im rechtschaffenen Ernährer der Familie einen schändlichen Unhold und daß ihr ihre unbotmäßige Tochter, die sie wegen ihres Ungehorsams dauernd hatte tadeln müssen, nun als moralische Instanz gegenüberstand, die eine ganze Nation auf ihrer Seite hatte – das alles warf sie völlig aus dem Gleichgewicht. Schlagartig wurde ihr bewußt, daß sie in einem falschen Leben gelebt hatte, daß alles, was sie gedacht, geglaubt, gewollt, gehofft und getan hatte, für ungültig erklärt worden war.

In der psychiatrischen Terminologie wird der Zusammenbruch des Wertesystems, der zu einer tiefen Sinnkrise und Orientierungslosigkeit führt, auch als »existentielle Depression« bezeichnet. Bei dieser besteht ein ursächlicher Zusammenhang zwischen Depression und Lebensgeschichte dahingehend, daß es in einer bestimmten Situation, meist durch ein Schlüsselerlebnis, zu einem Zusammenbruch des Weltentwurfs, zu einem totalen existentiellen Scheitern kommt, das alle Wertrealisationsmöglichkeiten blockiert. Im Unterschied zur erlebnisreaktiven Depression, wo nur der Verlust eines Teilausschnittes aus dem Wertefeld stattgefunden hat und die aus der übriggebliebenen Wertdynamik heraus überwunden werden kann, ist in der existentiellen Depression der ganze Daseinsentwurf zusammengebrochen und alle Wertdynamik erloschen. Es steht keine Dynamik zur Überwindung der Traurigkeit mehr zur Verfügung. Deshalb kann sie nicht unmittelbar aus sich selbst heraus überwunden werden und läuft über das Erlebnis hinaus eigengesetzlich fort.

Als typische auslösende Erlebnisse gelten Entwurzelung, Konkurs, Partnerverlust, Aufgabenverlust, sofern sie einen Daseinsentwurf zentral und total treffen. Vor allem der unbehebbare Verlust von Geborgenheit, inneren Entfaltungsmöglichkeiten und äußeren Lebenschancen löst eine vitale Depression aus,[2] die als »Verlustdepression«, »Werteverlustdepression«, »Schulddepression« und »nihilistische Depression« auftreten kann.[3]

Bei der südkoreanischen Frau wurde diese Depression

durch die Exposition in der Öffentlichkeit und die Fehlan-
schuldigung mit lynchjustizartiger Ausweitung verstärkt. Neben dem Zusammenbruch der realen Bühne ihres Lebens
wurde in der Öffentlichkeit von ihr das Bild einer Foltermutter verbreitet. Es wurde ihr ein Persönlichkeitskostüm übergestreift, ein falsches Außenselbst angeklebt.

Die Patientin wurde durch die Bekanntmachung der
Affäre jahrelang zur scheußlichen Rabenmutter stilisiert und
in die völlige Isolation gedrängt. Sie wurde in ihrem Wohn-
viertel verachtet und beschimpft, am Arbeitsplatz von den
Kolleginnen gemieden. Eine Kündigung ihrer Stelle, wo sie
wegen Konzentrationsstörungen in ihren Leistungen nach-
ließ, konnte durch Intervention ihres Therapeuten gerade
noch verhindert werden.

Als die Journalisten und Fotografen ihr Haus belagerten
und stundenlang immer wieder an der Hausglocke läuteten,
verdunkelte sie ihre Wohnung und schloß sich im Badezim-
mer ein. Eine Woche lang irrte sie abends nach Arbeitsschluß
in winterlicher Kälte in der Stadt herum, bis sie am frühen
Morgen schließlich wagte, nach Hause zu gehen. Der Sohn
bereitete ihr Sorgen, da er sich nicht mehr außer Haus
getraute und, statt zur Arbeit zu gehen, sich wochenlang im
Bett verkroch.

Eine Erheiterung zumindest bewirkte die von der Polizei
auf aufsehenerregende Weise inszenierte Aushebung der
Grube im Kellerloch, um nach Kinderleichen zu suchen. Der
Sohn hatte dort schon geraume Zeit zuvor einen Bastelraum
eingerichtet und zusammen mit einem Kollegen eine Grube
gegraben, die er auf dringenden Wunsch der Mutter schon
längst hätte zuschütten müssen, was er aber immer wieder vor

sich hergeschoben hatte. Nun hatte die Polizei ihm die Arbeit abgenommen.

Wären polizeiliche Untersuchung und Strafprozeß unter Wahrung von Anonymität und Diskretion abgelaufen, so hätte die Frau die Falschanschuldigung und die reale familiäre Katastrophe besser überstehen und sich in der Gesellschaft und am Arbeitsplatz leichter integrieren können. Auch nach dem geschworenengerichtlichen »moralischen Freispruch« entwickelte sie eine phobische Beeinträchtigungshaltung, indem sie dauernd zwanghafte Befürchtungen hegte, sie könnte etwa in öffentlichen Verkehrsmitteln oder bei der Bewerbung um eine neue Stelle oder eine neue Wohnung erkannt werden, auf Ablehnung stoßen und diskriminiert werden.

Auch konnte sie sich des Eindrucks nicht erwehren, von den Behörden manipuliert und von der Öffentlichkeit als Unterhaltungsfutter mißbraucht worden zu sein, und verlor ihr Vertrauen in die Mitmenschen, was sie in ihrem ganzen aktiven Leben nachhaltig lähmte.

18.
Ein Chefbeamter wird zum Mörder

»Wer wird von der neuen Chefin zuerst in die Pfanne ge-hauen?«[1] Mit dieser Schlagzeile erschien in einem an alle Straßburger Haushalte verteilten Gratisanzeiger am 5. März 1984 ein Bericht über die Arbeitsverhältnisse im Bauamt und das Versagen des seit zwei Jahren dort beschäftigten Chef-beamten F.

»Die grüne Chefin im Bauamt: Erst herrschte bei ihren bürgerlichen Gegnern Zähneknirschen ob ihrem Einzug in diese Schaltstelle kommunaler Macht, nun hat sich aber Schadenfreude breitgemacht. Denn ihr Vorgänger hat einige personelle und organisatorische Probleme vor sich herge-schoben ...« Er soll »bei der Besetzung von Chefposten nicht immer eine glückliche Hand gehabt haben. So erzählen böse Zungen, die Einstellung von F. als Chef der Baupolizei hätte eitel Freude ausgelöst – allerdings nur in der Basler Verwal-tung, wo er vor dem Amtsantritt in Straßburg einen wichtigen Posten versah. In Straßburg werden über ihn eine ganze Reihe von Geschichten herumgeboten.«

Unter dem fettgedruckten Zwischentitel »Glänzt einzig durch Präsenz« wurde ausgeführt: »So soll er (F.) die kompli-zierte Materie des Baubewilligungsverfahrens nicht voll im Griff haben. Die Regelung, wonach der Chef der Baupolizei vor dem zuständigen Stadtratsgremium referiert, ist bald nach F.s Amtsantritt aufgehoben worden. Das besorgt nun ein Kreisingenieur für ihn, während F. die Stadträte der Bausektion mit seiner bloßen Anwesenheit erfreut. Ein für alle Teile nicht eben befriedigender Zustand, der sich aber für F. selbst durch das happige Chefbeamtensalär im Rahmen des Erträglichen hält. Aber einen gewählten Beamten wieder abzuwählen, ist überspitzt gesagt nur dann möglich, wenn er goldene Löffel gestohlen hat ...«

Sechs Tage nach Erscheinen dieses polemischen Artikels brachte F. vormittags drei Arbeitskollegen und -kolleginnen mit seinem Revolver um, die sich in verschiedenen Büros auf verschiedenen Stockwerken aufgehalten hatten, und verletzte zwei weitere lebensgefährlich. Nach der Tat verließ er das Gebäude, begab sich zum Bahnhof, bestieg den erstbesten Zug und kam über verschiedene Zwischenstationen nach Basel, wo er sich zur Flucht nach Italien entschloß.

In Florenz übernachtete er in verschiedenen Hotels und Pensionen, teilweise unter eigenem Namen, und wurde drei Wochen später in Livorno verhaftet. Er wurde zwei Jahre später vor Gericht zu zwanzig Jahren Gefängnis verurteilt und 1997 wegen guter Führung im Strafvollzug nach Verbüßung von zwei Dritteln seiner Strafe auf Bewährung entlassen.

Es ist nicht möglich, zwischen diesem Artikel und der Tat einen eindeutigen Kausalzusammenhang nachzuweisen. Doch scheinen die Bloßstellung und Anprangerung von F. in der Öffentlichkeit einen wesentlichen Anstoß zu seiner Wahnsinnstat gegeben zu haben.

F. wurde am 14. August 1941 in Wien geboren. Sein Vater, von Beruf Gastwirt und Bergführer, war eingezogen worden und fast ununterbrochen an der Front, weshalb der Sohn sich nicht an ihn erinnern kann. Er fiel unmittelbar vor Kriegsende in Jugoslawien. Seine Mutter arbeitete als kaufmännische Angestellte, Postbeamtin und Dolmetscherin. Sie starb 1983 in Österreich.

Die ersten Lebensjahre verbrachte F. als Einzelkind bei seiner Mutter, die während der kriegsbedingten Abwesenheit des Vaters erwerbstätig war und allein für ihr Kind zu sorgen hatte. Gegen Kriegsende wurde die Wohnung in Wien ausgebombt. Als F. vier Jahre alt war, floh seine Mutter mit ihm vor den Russen nach Westen. Mit Beginn der Schulpflicht kam er zu seiner Großmutter väterlicherseits nach Oberstorf, wo die Familie des Vaters den Gasthof führte, den F.s Eltern bis zur Einberufung des Vaters betrieben hatten. Die Mutter nahm eine Stelle in Dornbirn an.

In Oberstorf absolvierte F. das erste Schuljahr. Anschließend wurde er von der mütterlichen Familie in Dornbirn aufgenommen und verbrachte dort die restlichen drei Schuljahre. Die Familie bestand aus zwei ledigen Großtanten, einer ledigen Tante mit einer kleinen Tochter, der voll erwerbstätigen Mutter von F. und diesem selbst.

Im elften Lebensjahr trat er in ein Jesuitenkollegium ein, ein humanistisches Gymnasium, in dem er bis zum Abitur blieb. Alle sechs Wochen war ein Besuchstag vorgesehen, und die Schüler konnten die Schulferien zu Hause verbringen. Mit Erfolg legte F. 1961 das Abitur ab.

Diesen Lebensabschnitt beurteilt er ambivalent. Sehr positiv hat er die guten kameradschaftlichen Kontakte und die Atmosphäre in einer fünfköpfigen Freundesgruppe in Erinnerung. Ebenso die Persönlichkeit mehrerer Patres dieses Internats, den umfangreichen Sportbetrieb wie auch die innerhalb gewisser Grenzen gegebene Möglichkeit einer individuellen Gestaltung der Freizeit. Andererseits mißfielen ihm das dogmatische Denken, die Rechtfertigung des europäischen Kolonialanspruches durch die Lehrkräfte, die Verpflichtung zu Gesprächen mit dem Spiritual, dem geistigen Betreuer, über höchst persönliche Themen, überhaupt das patriarchalische Regime unter latenter Verdrängung des Weiblichen, die dogmatischen religiösen und moraltheologischen Vorstellungen und das rigorose Strafsystem.

In der mittleren Schulzeit formte sich bei ihm, teilweise unterstützt durch die Studienberatung, der Wunsch, Architekt zu werden. Er absolvierte das Studium von 1961 bis 1970 an der Hochschule in Paris. Dies wurde ihm durch ein Stipendium und später durch die finanzielle Unterstützung seitens seiner Mutter ermöglicht. Im Frühjahr 1970 schloß er die Hochschulausbildung mit der Staatsprüfung erfolgreich ab.

Die Studienzeit erlebte er als erfüllt von einer geistig und kulturell äußerst regen Atmosphäre. Er nahm intensiv am kulturellen Leben teil, besuchte häufig Galerien und Konzerte, Theater und die Oper, wobei er auch persönliche Bekanntschaften mit Künstlern pflegte. Zusätzlich hörte er Vorlesungen über Literatur, Byzantologie und beteiligte sich am studentischen Leben. Er gründete eine Zeichensaalgruppe und war jahrelang Präfekt in einem Wohninternat für Auslandsstudenten.

Während der Studienzeit hatte er keine Freundin, weil er bereits 1961 bei dem Fest eines Studienkollegen in der Schweiz seine spätere Ehefrau kennengelernt hatte, der er die Treue hielt. Diese Beziehung festigte sich bei verschiedenen Praktikumsaufenthalten in der Schweiz. 1965 zog seine spätere Ehefrau zu ihm nach Paris und bewohnte bis zur Eheschließung 1967 mit ihm gemeinsam eine kleine Wohnung.

Nach erfolgreichem Studienabschluß 1970 zog er mit seiner Frau nach Liestal im Kanton Basel. Für diese Übersiedlung in die Schweiz waren die besseren beruflichen Aussichten und die schweizerische Herkunft seiner Frau maßgebend. Es gelang ihm schon bald, am neuen Wohnort, wo das Ehepaar ein Reiheneinfamilienhaus kaufte, Wurzeln zu schlagen.

Bei seinen Bekannten galt er als »anständiger, angenehmer, zuvorkommender und charmanter Mann mit weichem Herz«. Eine Zeitlang betätigte er sich als Mitglied der Sozialdemokratischen Partei sehr rege am öffentlichen Leben seiner Gemeinde. Vier Jahre lang war seine Frau Mitglied des Großen Gemeinderates. 1981 wurde er eingebürgert.

Die erste Stelle nach Abschluß seines Studiums trat er 1970 in einem Architekturbüro in Basel an, wo er eineinhalb Jahre als Entwurfsarchitekt arbeitete. Anschließend war er ein Jahr lang bei der Baudirektion des Kantons tätig und schließlich sieben Jahre in einem größeren Büro für Architektur und Raumplanung. Anschließend arbeitete er als selbständiger Architekt und Planer mit Büro im eigenen Haus. Ab 1982 bekleidete er die Position des Chefs der Baupolizei von Straßburg, wo er die Tat beging.

Über seine beruflichen Fähigkeiten und charakterlichen Eigenschaften machten seine Arbeitgeber widersprüchliche Angaben. Seine Wohngemeinde war mit seiner Tätigkeit bei der Dorfkern-Richtplanung sehr zufrieden, so daß man ihm, als er sich selbständig machte, weitere Aufträge erteilte. Er galt in der Planungskommission als intelligenter, flexibler und umgänglicher Planer, der immer sehr fleißig gearbeitet und klare Meinungen und Auffassungen vertreten habe, von denen er allerdings nur ungern und nur aufgrund von sehr fundierten Argumenten abgegangen sei. Alle anderen Arbeitgeber schrieben ihm einen schwierigen Charakter zu und beurteilten ihn als ehrgeizig, mißtrauisch, starrköpfig und unflexibel. Infolge seiner bis ins letzte Detail ausholenden Arbeitsweise sei er häufig in Zeitnot geraten. Seine Wesensart sei dabei überheblich, von sich selbst eingenommen, rechthaberisch und wenig konziliant gewesen.

Im Mai 1982 trat F. den Posten als Chef der Baupolizei von Straßburg an. Seine Wahl unter vier bis fünf ernsthaften Bewerbern stützte sich zur Hauptsache auf die schriftlichen Bewerbungsunterlagen, auf seinen guten Eindruck im persönlichen Gespräch und auf die mündliche Stellungnahme eines Graphologen. Persönliche Erkundigungen bei seinen langjährigen früheren Arbeitgebern erfolgten nicht.

Beim Amtsantritt von F. befand sich die Baupolizei in dauernder Überforderung mit einem stets hohen Berg unerledigter Vorgänge. Schon sein Vorgänger hatte laufend eine wöchentliche Arbeitszeit von etwa sechzig Stunden erbracht. Bezüglich Organisation und Ausstattung des Amtes herrschten schwere Strukturmängel. In einem von einem auswärtigen Büro verfaßten Gutachten über das Betriebsklima hieß es: »Die Strukturen sind schlichtweg unzulänglich, dem Chef der Baupolizei fehlte ein Minimum an Führungsinstrumenten … Das Klima im Amt war eher kalt als menschlich warm und zudem voller Spannungen.«

F. erfaßte schnell seine schlechten Startbedingungen im Amt: Es bildete sich ein mehr oder weniger deutlicher Widerstand gegen ihn als Auswärtigen und als Nicht-Juristen, und

dieser kam zudem von vielen Seiten. Es waren keine Vorbereitungen getroffen worden zur Gewährleistung einer ruhi-
gen, gründlichen Amtseinführung. Von Anfang an bestand
eine massive Arbeitsüberlastung und war sein Terminkalen-
der überladen von oft miteinander kollidierenden Sitzungen.
Er verfügte nicht über eine eigene Sekretärin, und der einzige
ihm zugeteilte juristische Sekretär hatte nur geringe freie
Kapazitäten. Eine Sekretärin sagte später aus: »Man hat da
jemanden ins Wasser geworfen und ihn, statt ihm einen Ret-
tungsring zuzuwerfen, noch mit Steinen beworfen.«

Als besonders schwierig empfand F. den Umstand, daß
ihm in der anhaltenden Bedrängnis im Amt kein einziger
Gesprächspartner zur Verfügung stand. Von seinen befragten
Vorgesetzten wurde er als überlegt, kritisch und in Entschei-
dungsfindungen sehr gründlich beschrieben. Er habe sich von
Anfang an enorme Mühe gegeben und einen enormen Ein-
satz geleistet. Viele Zeugen charakterisierten ihn aber als
sehr kompliziert und umständlich, dennoch stets sehr freund-
lich, kaum je zornmütig oder offen aggressiv. Ein Mitarbeiter
gebrauchte folgende Worte: »Über dem Tisch lächelnd, unter
dem Tisch Tritte ins Schienbein …«

Privat erlebte er eine schwere Ehekrise. Er hatte 1980 eine
intime Beziehung mit einer verheirateten Frau aufgenommen, was im Laufe des Jahres sowohl deren Ehemann als
auch seine Ehefrau bemerkten. Weil er sich bedroht fühlte,
kaufte er sich im November 1983 einen Revolver, den er
immer bei sich trug, wenn er mit seiner Freundin irgendwo-
hin ging. Er zog kurz vor Antritt seiner neuen Stelle nach
Straßburg. Seine Ehefrau aber blieb in Liestal. Seine Freundin wohnte vorübergehend mit ihrer Tochter bei ihm, kehrte

aber nach kurzer Zeit samt Tochter zu ihrem Ehemann zurück. Man hatte sich geeinigt, diese außereheliche Beziehung zu beenden und die beiden Ehen wieder zu sanieren.

Dies gelang in der Folge nicht, weil F. die Beziehungen zu beiden Frauen fortsetzen wollte, womit seine Ehefrau jedoch nicht einverstanden war und ihm deshalb im Juni 1984 mitteilte, sie wolle sich scheiden lassen. Im Herbst wurde die Ehe getrennt. Er hatte allerdings versucht, seine Frau weiterhin von der Scheidung abzuhalten und die Beziehung zu seiner Freundin aufrechtzuerhalten.

Nach knapp zweijähriger, durch Konflikte mit Mitarbeitern geprägter Tätigkeit als Chef der Baupolizei, verbunden mit persönlichen und ehelichen Schwierigkeiten sowie einer großen zeitlichen Beanspruchung durch das Amt (von nach eigenen Angaben durchschnittlich mehr als achtzig Stunden pro Woche) beging F. die Tat: am Vormittag zwischen 8.35 und 8.45 Uhr, nachdem er die Nacht zuvor in seiner Wohnung, die nur wenige Meter vom Tatort entfernt lag, kaum Schlaf gefunden hatte. Tags zuvor hatte am Arbeitsplatz eine »Tribunalsitzung« stattgefunden, in der er unter Bezugnahme auf den bloßstellenden Zeitungsartikel von seinen Mitarbeitern attackiert worden war.

Unmittelbar vor der Tat schrieb er in seiner Wohnung ein Testament zugunsten seiner Ehefrau und seiner Freundin und verfaßte in seinem Arbeitsbüro einen Abschiedsbrief an seinen ihm noch am nächsten stehenden Stellvertreter.

Diese Fallgeschichte zeigt, wie die Bloßstellung eines in Konfliktspannung und Bedrängnis geratenen und aggressionsgehemmten Menschen eine katalysierende Wirkung auf die Entladung zurückgestauter Aggressionen üben kann. Verschiedene epiphänomenal übereinandergeschichtete Verhältnisse und Bedingungen der Lebensgeschichte, der Persönlichkeit, der privaten und beruflichen Situation formten sich zu einem Pulverfaß, das durch den Funken des Zeitungsartikels zur Explosion gebracht wurde.

F. war bis ans Ende seiner Jugendzeit ständig ungünstigen Milieuverhältnissen ausgesetzt gewesen. Diese waren geprägt von der bedrohlich sich verschärfenden Kriegslage in den ersten Lebensjahren, vom Fehlen des Vaters, verbunden mit stetiger Umplazierung, und schließlich auch – während des langjährigen Aufenthalts in einem straff geführten Jesuitenkollegium – vom Fehlen einer familiären Atmosphäre. Dies hinterläßt in der Folge oft tiefe und unauslöschliche Spuren in der Seele eines Menschen, vor allem bei konstitutionell sensiblen Persönlichkeiten. Sie äußern sich häufig in einem auf Dauer gesteigerten Hunger nach Geborgenheit und Anerkennung, verbunden mit erhöhter Verletzlichkeit gegenüber Frustrationen, Enttäuschungen und Verlusterlebnissen. Ein derart brüchiges und zerrissenes emotionales Persönlichkeitsfundament geht immer auch einher mit elementaren Ängsten und aggressiver Wut.

Bei F. bildete sich eine Charakterneurose, die als Panzer im Dienst der Abwehr durch äußere Bedrohungen heraufbeschworener innerer seelischer Gefahren stand. Seine Charakterneurose zeigte sich in seiner perfektionistischen Zwanghaftigkeit als Schutz vor dem Chaos eigener Verlustängste und archaisch-aggressiver Impulse; in der schizoiden Unnahbarkeit und gelegentlich auch Überheblichkeit als Schutz vor empfindlicher Verletzlichkeit und ängstlicher Selbstunsicherheit; in beharrlichem Eigenwillen als Schutz vor Beeinfluß-

barkeit und in seiner Unselbständigkeit im Sog eigener An-
lehnungs- und Akzeptationswünsche.

Dennoch waren aber im jungen Erwachsenenalter die
Voraussetzungen für ein gutes seelisches Gleichgewicht recht
günstig durch die Beziehung zu seiner Ehefrau, den Studien-
erfolg und das weitgehend die seelischen Bedürfnisse erfül-
lende Studentenleben. Die Notwendigkeit charakterneuroti-
scher Gegenwehr war dadurch etwas entschärft worden.

In der ersten beruflichen Bewährungszeit war er zwar
noch nicht allzu großen Belastungen ausgesetzt, doch wurden
in der Männerwelt des Berufslebens seine charakterneuroti-
schen Züge sichtbar. Trotz fachlich guter Qualifikation war er
wegen zwanghaften Perfektionismus' stets in Zeitnot, wenig
beliebt, unter den Mitarbeitern ziemlich isoliert und wegen
starrer Eigenwilligkeit und schizoider Unnahbarkeit wenig
teamfähig. Eine Laufbahn als Architekt im Angestelltenver-
hältnis zeichnete sich auch nach zehn Jahren nicht ab. Seiner
eher einzelgängerischen und eigenwilligen Wesensart entsprechend, entschloß er sich 1978 zur Gründung eines eigenen Architekturbüros, das aber mangels rasch einträglicher
Aufträge nicht erfolgreich war.

Allmählich drohender existentieller Geborgenheitsverlust
und nach Distanzierung seiner Ehefrau zunehmend frustrier-
ter Zärtlichkeitshunger führten schließlich zur Aufnahme
einer intensiven außerehelichen Liebesbeziehung im Herbst
1980. In dieser zärtlich-mütterlichen Geborgenheit verlor er
die Kontrolle über seine reale Lebenssituation, vernachläs-
sigte kopflos die Pflege seiner beruflichen Laufbahn und ver-
leugnete vor sich selber die mögliche Zerstörung seiner Ehe
und damit seines Zuhauses.

Die Anschaffung des Revolvers im Jahre 1983 aus einem Bedrohungsgefühl heraus war Ausdruck davon, daß er eigene Ängste und aggressiv-destruktive Impulse auf den Nebenbuhler projizierte und innere und äußere Gefahr vermengte. Sein Bedrohtsein durch den eigenen inneren Gefühlstumult verlagerte er nach außen in die Person des Ehemannes seiner Geliebten.

Die verfahrene berufliche Situation und die Beziehungsproblematik zwischen Ehefrau und Geliebter bewogen ihn, die neue Anstellung in Straßburg anzunehmen. Bei der nach wie vor neurotisch abgewehrten inneren Bedrängnis mangelte ihm der Überblick über Aufgaben, die auf ihn zukamen, und über seine eigenen Fähigkeiten. Seine inneren Probleme verdrängend und in eine Wunschwelt ausweichend, trübte sich ihm der Blick für innere und äußere Realitäten.

Wegen seiner neurotischen Gefühlsabwehr geriet er nicht etwa in eine sich vertiefende, bedrückte depressive Nachdenklichkeit, sondern blieb recht illusionär allzu lange gefaßt und zuversichtlich, als er mit den Mißständen und seiner Überforderung am neuen Arbeitsplatz in der Chefposition konfrontiert war. Die beiden Frontalangriffe – der schmähvolle Zeitungsartikel vom 5. März und die Tribunalsitzung am darauffolgenden Tag – schlugen dann Breschen in die von ihm errichtete innere Schutzmauer. Und so kam es zum Zusammenbruch jener Schutzmauer, mit der er es in Form neurotischer Verdrängungsmechanismen gewohnt war, sich gegen den eigenen inneren Gefühlstumult und gegen die volle Wahrnahme harter Realitäten zu wehren, und mit der er vor sich selbst und nach außen beherrschte Ruhe zu wahren vermochte.

Die hintergründig schon lange angestaute, aber bisher mehr oder weniger erfolgreich abgewehrte depressive Verzweiflung begann F. nach dem Zeitungsartikel schrittweise zu packen und vertiefte sich jäh nach der Tribunalsitzung am Nachmittag vor der Tat: Er verfiel in einen bisher nie gekannten Zustand apathischer Gleichgültigkeit und verspürte den Drang, sein Büro entgegen seiner Gewohnheiten und trotz viel Arbeit schon am späteren Nachmittag zu verlassen. Am Abend geriet er in seiner Wohnung in eine bodenlos-abgründige Verzweiflung mit chaotisch anstürmenden Gedanken noch ohne konkrete Pläne. Nach einer kurzen, in bleiernem Tiefschlaf verbrachten Nacht erwachte er einige Zeit vor 6 Uhr spontan. Ein ätzender Schweißgeruch stieg ihm in die Nase. Schlagartig brach die Gewißheit ein: »Schluß machen mit mir selber und mit denen, die mich kaputtmachen.«

Von 6 Uhr bis 7.30 Uhr unternahm er gezielte Vorbereitungen für einen erweiterten Selbstmord, wie die Niederschrift eines Testaments, eines Abschiedsbriefs und die Bewaffnung mit Revolver und Munition. Von 7.30 Uhr bis 8.30 Uhr lief er, von Unruhe getrieben, in seinem Büro und in der Behörde herum – weiterhin getragen von der Zielvorstellung eines erweiterten Selbstmords. Dann, von 8.35 Uhr bis 8.45 Uhr, suchte er zielgerecht fünf Büros seiner Opfer aus und gab zielsicher mehrere tödliche Schüsse ab.

Dem untersuchenden Psychiater beschrieb er seinen Zustand vom Erwachen bis nach dem Tatgeschehen wie folgt: »Nichts mehr an eigenen Gefühlen, nur noch Unruhe, kein klares Zeitempfinden mehr, Wahrnehmung von Umgebung, Personen, einzelnen Tatorten und Opfern marionettenartig unbelebt wie durch einen Schleier.«

Das Gericht ging in seinem Urteil von einer im klinischen Sinn schweren Depression, mitgeprägt durch schwer krankhafte Erscheinungen wie Depersonalisation und Derealisation aus. Es nahm eine Verminderung der Zurechnungsfähigkeit an, was zu einer Milderung der Strafe führte.

19.
Der Schüler, der Friseur, die Pianistin, der Medienstar

Ein Schüler geht ins Exil

Eine 40jährige Frau[1] knüpfte heimlich eine Liaison mit einem um 22 Jahre jüngeren Abiturienten eines süddeutschen Gymnasiums, dem ihr Ehemann als Rektor vorstand. Sie heiratete ihren Liebhaber ein Jahr, nachdem dieser das Abitur bestanden und ihr Gatte, um peinliches Aufsehen zu vermeiden, in eine kampflose Scheidung eingewilligt hatte.

Hinter der Fassade bemühter sozialer Tüchtigkeit verfiel der Ex-Ehemann schon bald in eine Depression und in einen stillen, zunächst unbemerkten Alkoholismus. Dieser kam jedoch ans Licht, als der Mann wegen eines tödlichen Verkehrsdelikts, begangen unter Alkoholeinfluß, zu einer bedingten Gefängnisstrafe verurteilt wurde. In Anbetracht seiner untadeligen Amtsführung und hohen Wertschätzung behielt er aber seine Stellung.

Indessen fand seine »Story« Eingang in die Boulevardpresse. In einer reißerischen Fortsetzungsgeschichte machte diese die Ehetragödie, die dem Alkoholismus des Schulleiters zugrunde lag, mit allen brisanten Details, Familienfotos und Kommentaren klatschsüchtiger Nachbarn publik.

Der einzige Sohn, 17jährig, bis dahin gesund und seit der Scheidung in einem Internat untergebracht, entwickelte akut eine Zwangssymptomatik. Beim Lesen mußte er jede Zeile dreimal lesen, und er riß sich stundenlang einzeln die Haare vom Kopf. Er begann auch den Unterricht zu schwänzen, um den befürchteten Anspielungen und Fragen seiner Klassenkameraden auszuweichen.

Nach einem Suizidversuch und wochenlangen quälenden Schlaf- und Konzentrationsstörungen verbrachte er zunächst einige Wochen in einer psychiatrischen Anstalt und fand dann Zuflucht bei einem Onkel in Norddeutschland. Dort nahm er eine Hilfsarbeiterstelle an und begann eine ambulante Psychotherapie. Diese führte innerhalb von einem halben Jahr zur Auflösung der Zwangssymptomatik, die sich in der Deutungsarbeit als ritualisierte Selbstbestrafung zum Zweck der Verdrängung von schuldbesetzten inzestuösen Onaniephantasien und als magische Abwehr von Katastrophenerwartungen herausstellte.

In einem – später zwar richtiggestellten – Zeitungsbericht wurde er aufgrund einer Verwechslung fälschlicherweise als drogensüchtig und HIV-infiziert bezeichnet. Seitdem verfolgte ihn dauernd der Gedanke, daß andere, welche die Richtigstellung nicht gelesen haben könnten, zu ihm auf Distanz gehen würden. Er traute sich daher nicht mehr, seine abgebrochene Schulausbildung bis zum Abitur fortzusetzen, und wanderte nach Israel aus, wo er nach einem kürzeren Kibbuzaufenthalt sich mit Gelegenheitsarbeiten im Gast- und Hotelgewerbe durchbrachte.[2]

Der Tod des Friseurs

Ein 48jähriger Maskenbildner aus Frankreich, verheiratet und Vater von zwei halbwüchsigen Söhnen, wurde verhaftet, nachdem ihm eine Serie von Vergewaltigungsversuchen hatte nachgewiesen werden können. Etwa vier Monate später gelang ihm auf einem begleiteten Arztbesuch die Flucht. Aufgrund eines Fahndungsfotos in den Medien und eines Hinweises aus der Bevölkerung wurde er wenige Tage später in einer deutschen Kleinstadt beim Billardspielen verhaftet.

Die voreilige Erfolgsmeldung mußte aber bereits einige Stunden später widerrufen werden, nachdem sich der Verhaftete, ein verwitweter Friseur und Stylist, ebenfalls Vater von zwei Söhnen, als eineiiger Zwillingsbruder des Gesuchten entpuppt hatte. Die Zwillinge waren seit ihrem vierten Lebensjahr in getrennten Pflegefamilien aufgewachsen und hatten seither jeglichen Kontakt zueinander verloren.

Auch in der deutschen Presse wurde über Verhaftung und Verwechslung berichtet und dabei auch eine Fotografie des Täters gezeigt, der dem Zwillingsbruder zum Verwechseln ähnlich sah. In einer deutschen Tageszeitung wurde über die identischen Lebensgewohnheiten der beiden Zwillinge mit getrennten Lebenswegen berichtet. Beide pflegten die gleichen, zum Teil ausgefallenen Hobbys wie Billard spielen und Bonsai züchten.

Ein Professor für Verhaltensforschung machte in einem Interview Ausführungen über die genetische Determinierung menschlichen Verhaltens. Am folgenden Tag brachte eine Boulevardzeitung auf der Titelseite ein Bild des Friseurs mit der Frage: »Wird der Bruder auch Frauen überfallen?« Dazu publizierte sie eine Kurzfassung des Interviews mit dem Wissenschaftler. Der Reporter hatte zudem in der Nachbarschaft des verdächtigen Friseurs ausgiebig nach dessen Lebensgewohnheiten recherchiert, jedoch ohne Auffälliges oder Verdächtiges zutage fördern zu können.

Dem so unversehens in die Schlagzeilen geratenen Friseur war nun die Identität des Unholds übergestreift. Er fürchtete um die Auswirkungen auf sein Geschäft, wo die Zahl der Kundinnen in der Tat zurückging, und ließ sich dort aus Scham nicht mehr blicken. Er entwickelte eine ängstlich-depressive Symptomatik mit psychosomatischen und vegetativen Beschwerden wie Herzjagen, Migräneanfällen und Schwindelattacken, auch Schlafstörungen mit zunehmendem Konsum von Hypnotika. Er zog sich auch aus seinem geselligen Vereinsleben völlig zurück aus Angst, seine Bekannten würden zu ihm auf Distanz gehen oder ihm nur noch mit Vorbehalt begegnen.

Einige Jahre später machte er Konkurs und nahm sich, nach zwei Entziehungskuren von seiner Tablettenabhängigkeit, das Leben.[3]

Applaus verboten[4]

Ein 50jähriger Arzt war wochenlang in den Schlagzeilen einer Boulevardzeitung, nachdem er wegen Verdachts auf sexuellen Mißbrauch einiger seiner Patientinnen verhaftet worden war. Fünf Jahre später wurde er von zwei Gerichtsinstanzen in aufsehenerregenden Prozessen zunächst zu einer mehrjährigen Freiheitsstrafe verurteilt, schließlich aber auf Anweisung des Kassationshofs freigesprochen. Inzwischen war auch gegen einige seiner »Opfer« wegen Irreführung der Behörden Anklage erhoben worden.

Inmitten des damaligen Medienrummels hatte seine 19 Jahre alte Tochter, eine vielversprechende pianistische Zukunftshoffnung, an einem überregionalen Wettbewerb einer renommierten Musikhochschule teilgenommen. Da sie den seltenen Familiennamen ihres Vaters trug, war allgemein bekannt, daß sie die Tochter des geächteten Unholds war, dessen Taten landesweit an allen Stammtischen verhandelt wurden.

Als sie im vollbesetzten Konzertsaal ihren Klaviervortrag beendet und sich vom Klavierstuhl erhoben hatte, rührte sich im Publikum kein Finger. Der Applaus blieb gänzlich aus. Eine peinliche, nur von Räuspern und leisem Raunen durchbrochene, penetrante Totenstille herrschte im Saal. Irritiert und verlegen, ja schockiert verließ die junge Pianistin das Podium durch den Künstlerausgang. Bestürzt begab sie sich unverzüglich in ihr Hotelzimmer.

Bei der Preisverleihung am folgenden Tag, welcher sie fernblieb, wurde sie gänzlich übergangen. Durch Indiskretion erfuhr sie einige Tage später, daß der Antrag einer Jurorin, ihr den ersten Preis zuzusprechen, von den anderen Mitgliedern der Jury zurückgewiesen worden sei. Die Begründung habe gelautet, daß dies bei der momentanen Stimmung in der Öffentlichkeit gänzlich undenkbar wäre und dem Ansehen der Hochschule wie auch des Wettbewerbs großen Schaden zufügen würde.

Einige Tage später wurde die Schülerin nach einem mißlungenen Suizidversuch mit Tabletten in einem agitiert-depressiven Zustand notfallmäßig in ein Krankenhaus eingewiesen. Mitauslösend war, daß sich ihr Freund auf Druck seiner Eltern von ihr getrennt hatte.

Nach der Entlassung aus dem Krankenhaus kehrte sie aus Angst vor dem Getuschel und Gerede bei den Mitschülern und Lehrern nicht mehr an ihre Schule zurück. Sie litt fortgesetzt an Schlafstörungen, anfallartig auftretendem Herzjagen und Atemstörungen. Auf Anraten ihres Klavierlehrers setzte sie ihre Ausbildung in England fort.

Das Geheimnis des Medienstars

Ein 55jähriger ehemaliger Spitzensportler, verheiratet und Vater von zwei bereits erwachsenen Kindern, der oft in Werbespots auftrat und in Unterhaltungssendungen und Talk-Shows ein gern gesehener Gast war, hatte im Alter von knapp 35 Jahren mit einer verheirateten Ballettänzerin ein Kind gezeugt und dessen Existenz völlig geheimgehalten. Trotz seines schon damals guten Einkommens hatte er sich all seiner Pflichten entzogen, keine Alimente gezahlt und jeden Kontakt zu seinem außerehelichen Sohn vermieden.

Dessen Mutter verheimlichte ebenfalls die außereheliche Zeugung des Kindes, vor allem aus Rücksicht auf ihre konservativen, moralisch strengen Eltern, deren Bannstrahl sie befürchtete. Sie ließ auch ihren Ehemann in dem Glauben, er sei der Vater. Dieser kam jedoch zwei Jahre nach der Geburt des Jungen bei einem Arbeitsunfall ums Leben.

Im Pubertätsalter erfuhr der Junge durch eine Indiskretion von seiner wahren Herkunft und suchte telefonisch und brieflich den Kontakt zu seinem prominenten Vater, dem er aufs Haar glich. Dieser drückte sich aber weiterhin um eine Begegnung mit ihm und bestritt sogar seine Vaterschaft. Ihm war die Sache besonders peinlich, weil seine nichtsahnende Ehefrau Präsidentin einer bekannten gemeinnützigen Stiftung war, die sich um außereheliche Kinder kümmerte.

Der in seinem Stolz verletzte und hartnäckig auf sein Recht pochende uneheliche Sohn wandte sich in seinem Eifer in der »Saure-Gurken-Zeit« an eine bekannte Boulevardzeitung. Diese formulierte für ihn einen »offenen Brief an den Vater« und plazierte ihn auf ihrer Titelseite samt eines redaktionellen Kommentars, der mit moralischen Vorwürfen und einer Aufforderung zur Stellungnahme versehen war.

Der angesprochene und herausgeforderte Medienstar setzte sich für drei Wochen auf eine Mittelmeerinsel ab, in der Hoffnung, daß die Medienkampagne bald abflauen würde. Dort las er jedoch in der Auslandsausgabe des Boulevardblatts täglich seinen Namen in den Schlagzeilen sowie die detaillierte Darstellung seiner Beziehungsgeschichte in einer Serie, die zum Teil auf Aussagen ehemaliger Freundinnen und Verehrerinnen beruhte.

Im Hotel, am Strand und auf der Promenade wurde er von Landsleuten erkannt und belächelt und mit Anspielungen oder zynischen Bemerkungen provoziert. Auf seinem Handy empfing er zahlreiche SMS-Botschaften mit aggressivem und beleidigendem Inhalt. Deshalb brach er seinen Aufenthalt auf der Mittelmeerinsel bald ab und setzte seinen Urlaub an einem abgeschiedenen Ort in den Schweizer Alpen fort.

Auf dem Höhepunkt der Medienkampagne nahm seine Ehefrau an einem Kongreß im nahen Ausland teil. Auch sie wurde von Journalisten und Fotoreportern bestürmt, woraufhin sie an Konzentrationsstörungen und Schlaflosigkeit zu leiden begann. Wegen einer seit 20 Jahren zum ersten Mal wieder aufgetretenen Migräne mußte sie sich bei einer Diskussionsrunde sogar vertreten lassen. Ein späterer Check-up bei ihrem Hausarzt förderte erstmals eine Hypertonie zutage. Hinzu kamen ein lästiger Tinnitus, Spannungskopfschmerzen und Attacken von Schwankschwindel.

Die Aufdeckung des Geheimnisses des Medienstars führte zwar unverhofft zu einer Offenheit und Auflockerung in seiner Ehe und in seinem Verhältnis zu den beiden Kindern. Die anhaltende Reaktion in der Öffentlichkeit aber wurde zu einer dauernden Belastung, vor allem wegen deren Stigmatisierung und Fixierung auf diese eine Affäre. Viele Verwandte und Bekannte gingen auf Distanz, meldeten sich nicht mehr oder wichen aus, vermutlich oft auch nur aus Verlegenheit.

Die Familie mied fortan die gewohnten Einkaufsgeschäfte im Viertel. Die Ehefrau wurde von ihrer Partei ultimativ aufgefordert, sich entweder öffentlich von ihrem Ehemann zu distanzieren oder ihre Kandidatur für ein politisches Nebenamt zurückzuziehen. Eines Morgens stand ihr Name mit großen, weithin sichtbaren Lettern auf der Mauer ihres Grundstücks und daneben das Wort »Lebenslüge?!«. Im Briefkasten häufte sich Post mit ordinären Anspielungen auf die Affäre.

Beide Eheleute machten über Jahre eine depressive Persönlichkeitsentwicklung mit verschiedenen psychosomatischen und soziophoben Symptomen durch. Sie zogen sich ganz aus der Öffentlichkeit zurück.

20.
Die Verwundbarkeit der Seele –
Traumatisierung

Ein seelisches Trauma ist eine Verletzung, die so tiefgreifend ist, daß sie die üblichen Bewältigungsmechanismen, die wir im Leben haben, außer Kraft setzt. Es ruft einen Zustand von totalem Ausgeliefertsein, von Hilflosigkeit, von Kontrollverlust, von Angst und Panik hervor. Sinnstrukturen und Bedeutungszusammenhänge werden zerstört. Es rückt den einzelnen in eine Isolation, in eine Welt- und Menschenferne und vermittelt ihm das Gefühl, sein Heimatrecht verloren zu haben.

Der Mensch kann nicht leben ohne ein dauerndes Vertrauen zu etwas Unzerstörbarem in sich, wobei ihm dieses dauernd verborgen sein kann. Dieses Unzerstörbare – eine Illusion, eine bloße Hoffnung – machen wir einerseits an der äußeren Wirklichkeit fest, in den Beziehungen zu unseren Nächsten, familiären Strukturen, unseren sozialen, staatlichen und religiösen Institutionen. Andererseits machen wir es an den inneren und verinnerlichten Werten und Bildern fest, die wir in unserer Identität festhalten und die uns ermöglichen, bis zu einem gewissen Grade unsere relative Autonomie wahrzunehmen und Widerstand zu leisten.

Auf diese Bindung an ein inneres Wertefundament zielt etwa die Folter, bewußt und unbewußt, um die gewünschten psychischen und psychophysischen Auswirkungen zu erwirken. Durch Entzug der sozialen Beziehungen, durch Verhöhnung und Entwertung der inneren Bindungen, durch Isolation und die Versetzung in die Ungewißheit einer unermeßlichen Bedrohung wird ein Zustand der regressiven Auflösung und Orientierungslosigkeit erreicht, in welchem der zugefügte Schmerz nicht eingeordnet und pariert werden kann. Das ist erkennbar an der Art und Weise, wie die Geschädigten sich äußern oder eben dazu nicht fähig sind.

Der Verlust der Sprache, die Unfähigkeit, das Unglaubliche in Worte zu fassen, ist charakteristisch für Gefolterte. Sie sind auch Jahre nach dem Trauma unfähig, mit Vertrauen auf eine andere Person zuzugehen. Ihre Erfahrung läßt sich nicht versprachlichen. Ihnen ist die Fähigkeit abhanden gekommen, über das Geschehene sinnzusammenhängend zu berichten. Ihr Sinn- und Bedeutungsgefüge ist zusammengebrochen, so daß sie einem Gefühl von Sinnlosigkeit des Lebens ausgeliefert sind. »Wer einmal der Folter erlag, kann nicht mehr heimisch werden in dieser Welt«, drückte sich Jean Amery aus.[1] Und Silvia Amati schrieb: »In ihrer (der Gefolterten) Gegenwart hatte ich immer das Gefühl, daß jemand, dem einmal derartiges widerfahren ist, eine Stelle hat, die man nicht berühren darf, daß ein Bereich seiner Persönlichkeit notwendig verschlossen bleibt und verdrängt wird. Das ist eine schmerzliche Erfahrung. Selbst wenn jemand ein paar Fakten berichten kann, haben wir doch immer den Eindruck, nicht zu nahe an das Erlebte herankommen zu dürfen. Vielleicht liegt das auch daran, daß wir die Erfahrung der Gefolterten im Grunde genommen nicht teilen wollen; wir verspüren eine namenlose Furcht.«[2]

Fragmentierung und Zerstörung psychischer Strukturen und vielfältige Verluste sind die Folgen solch massiver Traumatisierung. Das Bewußtsein von Zugehörigkeit und Autonomie, von Sicherheit und Geborgenheit in der Welt, vom Wert und von der Unverletzlichkeit des eigenen Selbst, von Handlungsfähigkeit und Kontrolle werden zersplittert und zerstört. Das sind radikale Folgen radikaler Ereignisse, die die Fundamente des Selbst treffen, die eigene Selbstwahrnehmung, das Verhältnis auch zum eigenen Körper, in dem man nicht mehr in gleicher Art zu Hause ist.

Im zwischenmenschlichen Bereich treten Gefühle von Mißtrauen, von Entfremdung und Isolation auf. Die traumatische Erfahrung liegt jenseits der Möglichkeit der Kommunizierbarkeit, sie ist nicht mitteilbar, und oft macht der zum Opfer gewordene Mensch die Erfahrung, daß er tatsächlich alleingelassen wird. Das soziale Umfeld will häufig gar nicht so genau wissen, was da geschehen ist, was da verleugnet, verdrängt, dissoziiert wird, denn das Wissen bedeutet auch die Konfrontation mit eigenen Ängsten, eigener Verwundbarkeit und der »Dimension des Bösen« in der Welt.

Als Folge extremer Traumatisierung treten bestimmte charakteristische Reaktionen und Persönlichkeitsveränderungen auf. Es sind zunächst normale Reaktionen auf ein außerordentliches Ereignis, Reaktionen, wie sie bei jedem Mensch in einer solchen Situation einträten. Wenn die lebensbehindernden Beschwerden über einen längeren Zeitraum anhalten, spricht die psychiatrische Wissenschaft von einer »psychotraumatischen Belastungsstörung (PTBS)«, die sich in drei Gruppen von Symptomen äußert: 1. *Intrusive Symptome*: Die Betroffenen werden unfreiwillig immer wieder vom Erleben der traumatischen Erfahrung überflutet. Dies geschieht in Form von Alpträumen, Flashbacks oder von quälenden Erinnerungen. 2. *Konstriktive Symptome*, die durch psychische Erstarrung oder nachhaltiges Vermeidungsverhalten gekennzeichnet sind. Die Patienten sind und wirken wie erstarrt und betäubt, so als seien ihre Gefühle »abgefroren«. Psychogene Amnesien (umschriebene Erinnerungslücken) treten auf oder erinnerungsauslösende Reize. Orte, Menschen, Tätigkeiten werden gemieden. Die Zukunft erscheint ihnen perspektivlos. 3. *Nachhaltige Erregung*: Die Betroffenen leben psychisch und physisch ständig angespannt, auf einem erhöhten Erregungsniveau. Dies äußert sich in Reizbarkeit und unkontrollierten Wutausbrüchen, aber auch in Form von Konzentrationsschwächen, übertriebenen Schreckreaktionen, Schlafstörungen und einer generellen Überwachsamkeit.[3]

Scham- und Schuldgefühle sind bei Trauma-Betroffenen zentrale Themen. Die Scham ist Folge der durch das traumatische Geschehen ausgelösten Diskrepanz zwischen Selbstbild und Ich-Ideal des traumatisierten Menschen. Opfer schämen sich, der Macht unterworfen gewesen zu sein.[4] Oft schämen sie sich, wenn die Beziehung zum Täter ambivalent war, wenn der Peiniger gleichzeitig der Retter war, weil es in seiner Macht stand, die Tortur zu beenden.

Die seelischen Schäden von Traumata wurden von der Psychiatrie oft ungenügend wahrgenommen und thematisiert, obwohl die Ursprünge von Forschungsbemühen schon weit zurückreichen. Da Costa beschrieb 1871 erstmals ein psychoreaktives Syndrom als Folge einer außergewöhnlichen seelischen Belastung bei einem Soldaten des amerikanischen Bürgerkriegs.[5] Die im Zusammenhang mit dieser Beschreibung geprägten Begriffe »irritable heart«, »effort syndrome«

und »Da-Costa-Syndrom« sind in internistischen Lehrbüchern nach wie vor gängig, um anhaltende stressbedingte Zustände zu beschreiben, deren Leitsyndrom Angst mit den entsprechenden vegetativen Begleiterscheinungen ist.[6]

Oppenheim führte 1899 den Begriff »Trauma« in die Neuropsychiatrie ein. Er vermutete die Ursache »traumatischer Neurosen« in mikrostrukturellen Hirnveränderungen.[7] Zunehmend wurden aber solche organischen Erklärungsversuche verlassen und eine psychogene, d. h. biographisch-erlebnisbedingte, Entstehungsweise der traumatischen Neurosen angenommen. Gegen die Sichtweise einer organischen Hirnschädigung grenzten sich die psychoanalytischen Modelle von psychischen Störungen nach traumatischen Erlebnissen ab.

Sigmund Freud sprach von einer traumatischen Situation dann, wenn von außen Erregungen auf das Ich einstürmen, die stark genug sind, »das Reizschild zu durchbrechen«.[8] In einer solchen Situation werde das Ich von Außenreizen überschwemmt und die bisher erreichte Adaption gestört. Das Individuum kehre zu einem frühen Abwehrmechanismus, und zwar zu dem der zwanghaften Wiederholung des traumatischen Ereignisses zurück. Hierbei übernehme es nun aber einen eher aktiv gestaltenden Part und nicht mehr den des passiven Ausgeliefertseins der ursprünglichen Bedrohung.[9]

Einen Aufschwung erlebte die Opferpsychologie nach dem Zweiten Weltkrieg. Der nationalsozialistische Faschismus mit seinen unzähligen Opfern hatte es notwendig gemacht, sich mit den psychischen Folgen von staatlichem Terror, rassistischer und politischer Verfolgung und insbesondere den Konsequenzen der in Konzentrationslagern erlittenen Qualen zu beschäftigen. In Nachuntersuchungen von Opfern fanden sich nach langdauernden Extrembelastungen ängstlich-phobische, vegetative, asthenische und depressive Syndrome, die chronisch geworden waren. Diese Erkenntnisse stellten in dieser Breite und Tragweite ein Novum dar und wurden auch im Hinblick auf Entschädigungsansprüche untersucht.[10]

Nach der Wende 1989 wurde in der ehemaligen DDR das sogenannte Stasi-Verfolgten-Syndrom beschrieben. Entstanden ist es durch Verfolgungsmaßnahmen wie Festnahme, Verhöre, Erniedrigungen, Mißhandlungen, Unterbringung auf engstem Raum, Dunkelheit oder willkürliche grelle Beleuchtung, Hunger, Kälte, Diskriminierung, Diffamierung, Entwürdigung, Ächtung, Verfemung, soziale Degradierung, Rechtlosigkeit, Ungewißheit des Schicksals, Lebensbedrohung, Stigmatisierung und vieles andere. Etwa 50 000 Opfer des Stasi-Terrors soll es nach Schätzungen geben.[11]

Die Folgen ähneln zwar den bekannten Bildern bei Verfolgten und Gefolterten, tragen aber Besonderheiten. Es kommt zu fortdauernden Befürchtungen und paranoischen Verfolgungsängsten, die durch besondere Situationen leicht ausgelöst werden können, zu realistischen Angst- und Verfolgungsträumen, Gefühlsverstimmungen, deprimierter Stimmung, Schlafstörungen, Erschöpfungsgefühl, Selbsttötungsversuchen sowie zu Mißtrauen und Verständnislosigkeit bei der Umwelt.

Manifeste Gewalt[12] hat immer mit den Machtverhältnissen in unserer Gesellschaft zu tun. Gerade im Bereich der Gewalt gegen Frauen oder der Gewalt gegenüber gleichgeschlechtlich orientierten Männern zeigt sich dies deutlich. Bei

antischwuler Gewalt kennt der Täter sein Opfer in den aller-
meisten Fällen nicht. Für den Anstoß zur Tat reicht meistens
die vom Täter angenommene Homosexualität. Dabei geht es
oft um Gewalt mit vorwiegend symbolischen Anteilen wie
Beleidigungen, Beschimpfungen, Pöbeleien, Bedrohungen,
Erpressung, Sachbeschädigung, Vandalismus, Anschläge auf
Einrichtungen.[13]

Die Reaktion des Opfers auf die erlebte Gewalttat wie-
derum hängt stark von seiner Haltung gegenüber den eigenen
gleichgeschlechtlichen Anteilen und von deren Integration
ab. Die Erfahrung zeigt, daß ein Mann mit vollzogenem
»coming out« eher Unterstützung bei der Bewältigung der
erlittenen körperlichen und seelischen Beschädigung in
Anspruch nehmen wird als einer, der seine Neigung im verborgenen hält.[14] Die Opfer leiden oft, gleich wie andere Ge-
waltopfer, unter den psychischen Folgen der Übergriffe wie
Depressionen, massive Ängste, Angstattacken und Schuldgefühle. Diese können starke Auswirkungen auf sämtliche
Lebensbereiche zeitigen wie den Rückzug aus dem gesellschaftlichen Leben bis hin zu totaler sozialer Isolation, von
Arbeitsplatzverlust bis zu manifesten psychischen und psychosomatischen Krankheiten.[15]

In der Verarbeitung von psychischen Traumata und Extrembelastungen stellt sich ein typischer Bewältigungsverlauf
ein. Die Stunden bis Tage dauernde *Schockphase* mit den
unmittelbaren Reaktionen nach der Tat zeigt sich in schock-
artigem Verstörtsein, innerem Aufgewühltsein und innerer
Unruhe, Zittern am ganzen Körper, panikartiger Verängsti-
gung und Bedrohungsgefühlen, Fassungslosigkeit und Un-
glaube, Desorganisation mit unkoordiniertem Handeln oder

Sprechen, Gefühl, leer oder ausgebrannt zu sein, sowie Apathie und Teilnahmslosigkeit.

Die sich über einige Wochen hinziehende anschließende *Phase der akuten Krise* ist beherrscht von andauernden, zum Teil diffusen Ängsten, Bedrohungsgefühlen, Schlafstörungen, zwanghaftem innerem Wiedererleben der Tat, ängstlichem Erstarrtsein, tatbezogenen Zwangshandlungen wie Duschen, Waschen, Gurgeln usw. und Angstträumen mit ängstlichem Hochschrecken aus dem Schlaf.

Als *Langzeitfolgen* schließlich werden beobachtet: latente Ängste, Schlafstörungen und Schlaflosigkeit, Angstträume, Depressionen, Scham- und Schuldgefühle, körperliche Beschwerden, Störungen des Eßverhaltens, allgemeines Mißtrauen und Beziehungsprobleme, Vertrauenskrise gegenüber Männern, Vermeiden von sexuellen Handlungen, unterdrückte oder offene Aggression, Minderwertigkeitsgefühle und Selbsthaß, Hoffnungs- und Perspektivlosigkeit, Suchtverhalten, schwere psychische Erkrankungen, selbstdestruktive Handlungen wie Selbstverstümmelung und Suizid.

Die Therapie dieser traumatischen Erfahrungen hat in erster Linie die Beziehungsleere zu überbrücken und die Fragmentierung des Selbsterlebens zu reparieren. Der Therapeut stößt oft schon in den ersten Begegnungen mit psychisch traumatisierten Menschen an seine Grenzen, sich überhaupt in deren Seelenverfinsterung einzufühlen, diese auszuhalten und zu ertragen. Traumatische Erfahrungen des Opfers gehören einer Unterwelt an, die für den, der sich nie dort befunden hat, nicht oder nur begrenzt nacherlebbar ist.

Heilen bedeutet etwas ganz machen und etwas Ausgegrenztes wieder oder neu in die eigene Person, in die Bewußtheit und Biographie zu integrieren, in den Lebenskontext einzubauen. Daher ist das Erzählen und Zuhören ein zentraler Mechanismus des Heilungsverlaufes. Erzählen bedeutet: Es gibt ein Du. Was in der englischen Literatur oft »the broken connection« genannt wird, kann durch das Erzählen überbrückt werden.

Ein Verwandter von mir war bei einer Tour in den Schweizer Bergen einige Minuten vor Erreichen der Berghütte in eine Gletscherspalte gestürzt. Weil sein Kollege den Rückweg ins Tal antreten mußte, um Hilfe zu holen, verbrachte er alleine die ganze Nacht in der eisigen Gruft, immer bedroht davon, durch eine falsche Bewegung noch weiter in den Abgrund zu stürzen. In völlig ungewisser Erwartung auf Hilfe am nächsten Morgen erzählte er sich stundenlang selbst Witze, alle, die ihm in den Sinn kamen. Er stellte also eine Art dialogische Selbstbeziehung her.[16] Es gibt Menschen, die nicht verbal-narrativ veranlagt sind, sondern ihre Erinnerungen und Phantasien über eine bildhafte Sprache artikulieren und mit dem Pinsel oder mit Fingerfarben aus der Einsamkeit heraustreten, mit einer Collage ihr zerbrochenes Ich zusammenfügen.

Ende der 70er Jahre wurde bei 16 von 86 der in Mogadischu befreiten Geiseln der Lufthansa-Maschine eine Gruppentherapie mit der Methode des Psychodramas durchgeführt. Eine Gruppentherapie erschien nach Auffassung der Therapeuten deswegen indiziert, weil die Betroffenen gemeinsam traumatisiert worden waren und zu erwarten war, daß deswegen auch die Folgen dieser Traumata in einem gemeinsamen therapeutischen Prozeß günstig zu beeinflussen wären. Die tiefenpsychologisch fundierte Psychodramatherapie erschien deshalb geeignet, weil die Form der Traumatisierung ihrerseits szenisch-dramatischer Natur war.

Durch den Aktionsraum des therapeutischen Psychodramas wurde die Traumatisierung verlebendigt und die durch die Terroristen im Flugzeug unterdrückte Gruppenbildung zwischen den Passagieren nachgeholt. Dadurch entstand, gemäß dem Bericht der Therapeuten, eine hohe, die einzelnen Mitglieder stützende Gruppenkohäsion, die einen intensiven Informationsaustausch über die Vorgänge während der Traumatisierung, besonders aber eine kathartische Entlastung der Affekte möglich machte, welche durch die Kränkungen während der Traumatisierung hervorgerufen worden waren.[17] In der Therapie ging es vor allem um die Wiederherstellung des Urvertrauens und die Bearbeitung der Störungen der Ich-Identität.

Die Schizophrenie, eine Krankheit, bei welcher die Auflösungserscheinungen sich aus dem eigenen Inneren einstellen, erfordert in ähnlicher Weise die Sorge um die Ich-Integration. Psychotherapeutische Behandlungsversuche bei schizophrenen Patienten haben immer zum Ziel, die Ich-Funktionen zu stärken. Die deutende Analyse der im Ich ablaufenden Abwehrmechanismen ist nur insofern zulässig, als sie mit der Hauptaufgabe der Ich-Stärkung vereinbar ist. Die Psychosynthese ist nicht weniger wichtig als die Psychoanalyse, die Realität der therapeutischen Zuwendung nicht weniger wichtig als die Analyse unbewußter Strebungen, die Gestaltung der Gegenwart nicht weniger wichtig als die Auslieferung an die Fragwürdigkeit der Vergangenheit. Die Solidarität mit der schizophrenen Not trägt zur Entwicklung einer neuen, positiveren Selbstidentität beim Patienten bei.

21.
Das Medienopfersyndrom

Die Frage stellt sich, wie eine aggressive verletzende Publizistik sich auf die Betroffenen auswirkt, ob und – wenn überhaupt – welche Schäden sie hervorruft. Aufgrund meiner eigenen Beobachtungen an einigen Patientinnen und Patienten, die Opfer einer medialen Aggressivität geworden sind, habe ich versucht, ein *Medienopfersyndrom (MOS)* zu beschreiben und zu definieren.

Bei den mir aus der Praxis bekannten Fällen handelt es sich überwiegend um Opfer, die durch ein Fehlverhalten, sei es ein Delikt oder eine Fehlleistung als Politiker, Sportler oder Persönlichkeit des kulturellen Lebens, selbst Anlaß zu medialer Beachtung gegeben haben. Dies ist deshalb von Bedeutung, weil sich ja die Frage stellt, ob bzw. inwieweit das psychopathologische Bild sich ursächlich auf die mediale Aggressivität zurückführen läßt oder ob andere Verursacher mitbeteiligt sind.

So sind beispielsweise bei der südkoreanischen Krankenschwester die depressive Verfassung allein schon als Folge des Aufdeckens der jahrelangen Inzestbeziehung zwischen ihrem Ehemann und ihrer Tochter und der Zerfall des vermeintlichen Familienidylls als Folge ihrer eigenen Verwicklung in die Strafuntersuchung zu verstehen. Sie wären auch ohne Medienecho und Medienjagd aufgetreten. Die Bedrängnis und Vorverurteilung durch die Medien mit der damit verbundenen Prangerwirkung dürften aber zweifellos die Depression verstärkt und fixiert und den Manövrierraum der Heilung eingeengt, um nicht zu sagen »geschlossen« haben.

F., der Chef der Baupolizei, dürfte auch ohne den bloßstellenden und kränkenden Artikel, allein schon durch die Überforderung und die gegen ihn gerichtete feindselige Stimmung am Arbeitsplatz in schwerste Bedrängnis geraten sein. Der verhöhnende Zeitungsartikel aber war das Pünktchen auf dem i und der katastrophalen Entladung der Krise förderlich.

Mediale Verfehlungen wie Übertreibungen und Verzerrungen sowie Falschdarstellungen sind aber gewöhnlich gewichtige Teilursachen von depressiven, zuweilen fatalen und irreparablen Entwicklungen. Auch ist zu beachten, daß bei den Angehörigen von Medienopfern die Selbstverursachung entfällt, wie das Beispiel des Schülers zeigt, der durch die Medien ins Exil getrieben wurde, ebenso wie dasjenige des Zwillingsbruders, der im Suizid endete. Es gibt auch Beispiele von Medienopfern, wo medienfremde Schäden nicht auszumachen oder von nur randständiger Bedeutung sind.

Bei der sachlichen Analyse der Medienwirkung geht es aber zunächst nicht um die Beurteilung der Schuldfrage, sondern um die nüchterne Beschreibung der Fakten. Ein Fallbeispiel aus meiner Praxis schien mir besonders geeignet, das Medienopfersyndrom MOS in »Reinkultur« zu beobachten.

Vor Jahren erschien ein 40jähriger Lehrer in meiner Praxis, der an einer Lesehemmung litt. Er hatte seit vier Jahren eine abgrundtiefe, unüberwindliche Abneigung zu lesen. Früher hatte er, literarisch interessiert und sogar mit eigenen schriftstellerischen Ambitionen, alle Neuerscheinungen der Belletristik verschlungen und täglich auch ausgiebig Zeitungen und Zeitschriften gelesen. Er war ein gutinformierter und engagierter Zeitgenosse und Diskussionspartner.

Nun war er aber nicht mehr in der Lage, auch nur einen Blick in eine Zeitung zu werfen oder ein Buch zu öffnen, und er ließ auch alle Briefe ungeöffnet liegen, mit Ausnahme von solchen, bei denen er bereits am Kuvert erkannte, daß es sich um eine Rechnung handeln mußte. Des weiteren scheute er sich auch, Nachrichtensendungen in Radio und Fernsehen zu verfolgen, und beschränkte sich nur noch auf Sendungen ohne Nachrichten. Dabei vergewisserte er sich vorher in einem Programmheft – das einzige Blatt, das er noch las –, wie lange diese dauerten, um ja nicht versehentlich in eine nachfolgende Informationssendung zu geraten. Seine Freizeit verbrachte er neben dem Studium mathematischer Aufgaben vorwiegend mit dem Hören von klassischer Musik und Hörspielen auf CDs und Kassetten.

Diese Informations- und Lesephobie bewirkte eine Beeinträchtigung seines gesamten sozialen Lebens. Seine Lebenspartnerin trennte sich von ihm, da er für sie zu undynamisch und »langweilig« geworden war. Er war nicht mehr derselbe, den sie einst kennengelernt hatte. Zudem drohte ihm ein Disziplinarverfahren an der Schule, weil er auf Briefe der Schulleitung und des Schulamts, die er alle ungeöffnet in der Schublade liegen ließ, nicht reagiert hatte. Als Folge davon hatte er sich schwere Pflichtunterlassungen zuschulden kommen lassen, war beispielsweise nicht zu außerordentlichen Sitzungen und Notenkonferenzen erschienen und ähnliches.

Die Ursache seiner Lesephobie war ihm klar: Vor viereinhalb Jahren hatte er sich allein auf der Rückreise von Italien befunden, wo er in Florenz seine Lebenspartnerin besucht hatte, die ein Semester an der dortigen Universität studierte. In Mailand kaufte er sich die große deutschsprachige Zeitung seiner Heimatregion und blätterte diese in einem Restaurant in der Nähe der Piazza del Duomo bei einer Tasse Kaffee gemütlich durch. Da blieb sein Blick beim Überfliegen der Anzeigenseite an den fettgedruckten Lettern seines Namens und Vornamens inmitten eines schwarzumrandeten Inserates hängen. Ihn irritierte im ersten Moment die Vorstellung, seinem Namensvetter zum ersten Mal in einer Todesanzeige zu begegnen. Er trug einen nicht so häufigen und geläufigen Namen. Seine Verblüffung steigerte sich aber zum Schock, als er das Geburtsdatum und die Traueradresse als die seine erkannte und in den Unterzeichneten seine Verwandten, so daß er zur Kenntnis nehmen mußte, daß er im engsten Familienkreise bereits beerdigt worden war.

Er schöpfte sofort Verdacht, daß dieser Jux aus seinem beruflichen Umfeld stammen müsse, vermutete Lehrer, die ihm seine Stellung neideten, oder rachedurstige aktuelle oder ehemalige Schüler als Urheber dieser üblen Falschmeldung. Da in der langen Liste der unterzeichneten Angehörigen zwei bereits verstorbene figurierten, schloß er eigene Verwandte, mit denen er im übrigen in spannungsfreiem Verhältnis lebte, als Täter aus.

Wie in einem Reflex habe er die Zeitung geschlossen und fallen lassen und angefangen, nervös vor sich hinzureden. Da habe der Kellner, der eben an seinem Tisch vorbeiging, ihn gefragt, ob er noch etwas wünsche. Ihm sei es peinlich gewesen, bei einem Selbstgespräch ertappt worden zu sein, er sei sich dabei »irgendwie vorgekommen wie ein Irrer oder eine vereinsamte Witwe«. Er habe das Gefühl gehabt, die anderen Gäste im Lokal sähen ihm an, was ihn beschäftigte. Mit einem Ruck sei er aufgestanden, habe die Zeitung, die auf den Fußboden gefallen war, ergriffen und auf das Tischchen gelegt und sei in Richtung der Toilette gegangen, auf halbem Weg aber bereits wieder zurückgekehrt, worauf der Kellner direkt auf ihn zugeschritten sei und ihn gebeten habe, die Rechnung gleich zu begleichen. Er habe sich gefühlt wie ein Zechpreller.

Mit einem völligen Durcheinander im Kopf sei er sodann in Richtung der Piazza del Duomo spaziert und habe noch einmal kurz in die Zeitung geblickt, auf die ihm nur allzu vertrauten Buchstaben in der Anzeige. Dabei habe er versucht, sich einzureden, er habe sich wohl getäuscht, und alles sei nicht wahr. Zuerst habe ihn ein Schaudern ergriffen. Dieses sei dann aber sofort abgelöst worden von einem Mitleid mit den anderen, die auf derselben Seite als verstorben gemeldet waren. Ihm sei auch aufgefallen, daß er unter diesen der Jüngste war. Gleichzeitig habe er diese aber auch beneidet, daß sie nicht Opfer einer Falschmeldung waren. Sofort habe er die Zeitung wieder geschlossen, um »die Tatsache« zu verscheuchen und »nicht wahr zu machen«, wie er sich ausdrückte.

Ein Chaos von Gefühlen und Gedanken und Fragen sei in ihm gewesen. »Jetzt wähnen mich schon viele seit mehr als 24 Stunden tot. Wie würde mich einer anschauen, der mir jetzt auf der Piazza entgegenkäme und die Fehlanzeige soeben gelesen hätte? Wie werden die Nachbarn staunen, wenn ich nach Hause komme? Wer steckt dahinter? Wie wird der erste Schultag sein, wenn ich das Lehrerzimmer betrete?

Lesen es die anderen in England, am Meer, im Gebirge?«
Und so fort.

Er begann wieder, während er seine Schritte auf der Piazza
beschleunigte, vor sich hinzusprechen und wiederholte immer den Satz: »Das ist das letzte, was mir passieren mußte«,
etwa zehn Mal, ohne sich der Bedeutung richtig bewußt zu
sein. Er habe nicht gewußt, ob er heulen oder einen Lach-
anfall bekommen solle. Ihm habe es gegraut, wieder nach
Hause zurückzufahren und seine Existenz überall legitimie-
ren zu müssen, sozusagen als dauernder Gegenbeweis seines
Todes herumzugehen. Für einen Moment sei ihm die Idee
gekommen, daß ein tödlicher Autounfall auf der Rückreise
ein Ausweg aus der Peinlichkeit sein könnte. Er müßte dann
seine Existenz nicht mehr rechtfertigen, und seine Feinde
hätten sogar die Kosten für die Todesanzeige beglichen.

Als er am Ende des Platzes ankam, blickte er nochmals
zurück auf die Fassade des Doms. Da sei er plötzlich von
einem Schwankschwindel gepackt worden und habe das Gefühl gehabt, der Boden werde ihm unter den Füßen weggezo-
gen. Er habe sich aber eingeredet: »Das ist nur, weil du da
bist«, und sich gesagt: »Doch, doch, du bist da.« Da sei er wieder völlig klar im Kopf geworden und wieder sicher auf den
Beinen gestanden. Zum Glück sei er hier im Ausland, habe er
sich auch gedacht, da werde er nicht von allen Seiten erstaunt
angestarrt. Es werde ihn maßlos ärgern, jedes Mal für sein
Dasein eine Erklärung liefern zu müssen.

Diese Gedanken, die der Mathematiker mir vier Jahre
später aus der Erinnerung mitteilte, veranschaulichen die
akute Belastungsreaktion und den Identitätsbruch, der durch
diese Falschmeldung ausgelöst wurde, eine Verwirrung ange-

sichts der Diskrepanz zwischen seinem privaten-realen Sein und seinem sozialen-öffentlichen Nichtsein.

In den folgenden Wochen und Monaten stellte sich zunächst eine gewisse Beruhigung und Normalisierung ein. Die im Ausland weilenden Verwandten und Bekannten erfuhren zumeist erst nach der Rückkehr aus ihren Ferien, was passiert war, und wußten daher von Anfang an, daß es sich um eine Falschmeldung handelte. Er entwickelte aber Symptome wie eine gesteigerte innere Erregbarkeit mit Schlafstörungen, die ihm neu waren, und Aufschrecken aus Alpträumen, meist mit dem Inhalt, er sei vom Arbeitsplatz entlassen worden, auf einem Klassenausflug verlorengegangen oder in einer Arena ausgelacht worden. Auch lebte er immer mit der Befürchtung, es könnte noch alte Bekannte geben, die ihn für tot hielten und bei einer Begegnung schockiert oder irritiert wären, wie in einem alten Gruselfilm, wo ein Leichnam aus der Totenstarre wiederaufersteht. Er kam sich bis zu einem gewissen Grade als ein makabres Wesen vor.

Auch entwickelte er eine Überempfindlichkeit gegenüber kritischen Bemerkungen von Kollegen im Schulhaus und im Sportverein und meinte oft, er werde wegen seiner falschen Toterklärung belächelt. Diese Beeinträchtigungshaltung steigerte sich zeitweise fast bis zu einem verfolgungswahnähnlichen Zustand. Hinzu kam, daß er immer mit der Erwartungsangst lebte, er würde hereingelegt, und er reagierte auf banale Bemerkungen oder Sprüche in der Umgebung überempfindlich. Romane und Geschichten konnte er nicht mehr lesen aus Angst, auf Inhalte zu stoßen, die ihn in seiner Empfindlichkeit verletzen würden. So entwickelte sich eine allgemeine Lesephobie.

In der therapeutischen Aufarbeitung dieser Hemmung zeigte sich, daß er als Schüler in der Grundschule auf den plötzlichen Tod eines Schulkameraden, der sein Sitznachbar war, mit Angstzuständen, regressivem Einnässen und anderen psychosomatischen Symptomen reagiert hatte. In der testpsychologischen Abklärung wurde eine angstneurotische Grundstruktur mit magisch-intellektuellen Bewältigungsstrategien von Trennungsängsten erkennbar.

Die *Medienopfer* unterscheiden sich von den Traumaopfern dadurch, daß sie nicht einer körperlichen Vernichtungs- bzw. Todesangst ausgesetzt, sondern von einer *sozialen Todesangst* bzw. Existenzvernichtungsangst bedroht sind, vom Verlust von Beruf, Stellung, Ansehen und Freundschaften. Der zweite Unterschied betrifft die Dauer des Traumas. Bei den körperlichen Bedrohungen ist das äußere Trauma einmal beendet und wird in verinnerlichter Form als Erinnerung weitererlebt. Beim Medienopfer besteht eine *reale Allgegenwärtigkeit und Überdauerung* in Form der fortgesetzten Medienkampagne, bisweilen mit Ausweitung zur Lynchjustiz. Außerdem ist das Weiterbestehen auch durch die fehlende oder nur beschränkte Löschbarkeit der Information in der ganzen oder in Teilen der Öffentlichkeit gegeben.

Dies bewirkt auch die für das Medienopfersyndrom typische dauernde *sensitive Prägung* der phobischen Einschränkung im Sinne einer Überempfindlichkeit und Beeinträchtigungshaltung mit überwertigen Beziehungsideen bis hin zum Verfolgungswahn. Der für tot erklärte Lehrer etwa wähnte sich dauernd belächelt, die südkoreanische Krankenschwester meinte oft, es werde über sie getuschelt, und trug keine roten Pullover mehr, damit man sie nicht für aggressiv halte.

Charakteristisch ist auch die *Vorherrschaft der Schamproblematik* in der psychopathologischen Dynamik. Die Exposition und Bloßstellung in der Öffentlichkeit allein mobilisiert Schamgefühle. Durch die Beleuchtung der Attribute im grellen Licht des medialen Scheinwerfers wird eine Verlegenheit evoziert, als wenn in einem Publikum ein einzelner Zuschauer vom Entertainer angesprochen wird und aller Augen sich auf diesen richten. Merkmale, positive und negative, treten mit deutlicher Prägnanz hervor und verweisen auch auf die dahinterliegende psychologische Dynamik, die Motive, Ängste, Hemmungen und Bekenntnisse, die sie hervorbringen.

Beim Medienopfersyndrom konnte ich folgende *allgemeine Symptome* beobachten: depressive Verstimmung, suizidale Phantasien, innere Unruhe, ängstliche Erregtheit, Schlafstörungen, Konzentrationsstörungen, Gefühl der Ohnmacht und Wehrlosigkeit, zwanghafte Rachephantasien, Flashbacks, Schuldgefühle für tatsächliche oder für vermeintliche Verfehlungen, die nichts mit dem aktuellen Anlaß zu tun haben.

Die *spezifischen Symptome* sind das Gedankenkreisen um das veröffentlichte Thema, die Angst vor weiterer Bloßstellung, elementare Schamgefühle über das Exponiert-Sein, spezifische Schamgefühle im Hinblick auf reale und/oder dem Opfer zugeschriebene Attribute, soziale Vermeidenshaltung, soziale Angst vor Disqualifizierung, Diskriminierung und Isolierung, Angst vor Voyeurismus, Sensationsgier, Hohn und Spott aus der Nachbarschaft und in der Öffentlichkeit, reaktive Überanpassung durch Bravheit, Konventionalität und übertriebenes Aufpassen vor eigenen Fehltritten, zwanghaftes Bemühen, reale oder vermeintliche Vorurteile zu widerlegen.

Bei den von mir untersuchten Medienopfern konnte ich ferner eine *Identitätsfraktur* feststellen. Durch die jähe *Demaskierung des wahren Selbst*, etwa durch ein erzwungenes Outing und das Aufdecken der abgewehrten Gefühle, kommt es zu einem Zusammenbruch der habituellen stabilisierenden Abwehrformationen des Ich, was tiefreichende Leere und Ohnmachtsgefühle zur Folge hat. Durch die Drapierung mit einem falschen Selbst, das Auferlegen einer künstlichen Maske, entsteht ein Gefühl von Fremdheit und Verwirrung im Selbsterleben.

22.
Die total isovalente Gesellschaft –
Entwurf einer Utopie

Medienopfer sind nicht typisch für das total isovalente Zeitalter, sondern für eine Gesellschaft *auf dem Weg* zu einem isovalenten Zustand. Die Frage erhebt sich, wohin diese Entwicklung letztlich führen wird. Wie sieht der isovalente Endzustand aus? Wie ist der Mensch in der reinen isovalenten Gesellschaft beschaffen? Die Antwort lautet: Er wird gekennzeichnet sein durch Omnipräsenz und Transparenz. Er ist überall, und er ist nackt. Er ist ein Mensch ohne Geheimnisse. Er hat nichts zu verbergen, nichts verbirgt ihn. Er lebt sozusagen im sozialen Nudistenparadies der völligen Offenheit.

Hier herrscht die völlige Gläsernheit. Er weiß alles, er sieht alles. Alle wissen alles über ihn und sehen alles an ihm. Ja, er sieht alles überall, und er wird überall gesehen. »Verbergen« und »suchen« sind in dieser total isovalenten Welt Fremdwörter. Die Begriffe »hier« und »dort« sind miteinander verschmolzen, »nah« und »fern« identisch. Hält er sich in Stuttgart auf, so weiß er durch Knopfdruck auf seinem Taschenmikrocomputer ohne weiteres, ob und in welcher Zuschauerreihe in der Metropolitan Oper in New York ein Platz frei ist, ebenso wie er den neuesten Stand eines Fußballspiels in Buenos Aires kennt oder den Preis für einen Flug von jedem beliebigen Ort auf unserem Planeten an einen anderen.

Erscheint er zu einem Rendezvous, so weiß sein Gegenüber schon alles über ihn. Dieses hat bereits Kenntnis von seinem Lebenslauf, seiner Herkunft, allen seinen bisherigen Aufenthaltsorten, seiner momentanen Unterkunft, seinen finanziellen Verhältnissen, seiner Krankengeschichte, seinem Horoskop, seiner Genkarte, seinem Sündenregister etc. Der Mikrocomputer hat diese Daten in Sekundenschnelle und lückenlos geliefert.

Alles, was heute noch in mühseliger Anstrengung beschafft oder versteckt wird, liegt in der gläsernen Welt zur Ansicht auf. Es herrscht die totale Verfügbarkeit. Das einzige, was sich unserem Blick entzieht, sofern die Technik nicht noch einen unglaublichen Quantensprung macht, sind die Gedanken. Sie sind der einzige noch private und intime Bereich, während das Verhalten und die Ereignisse ganz der Öffentlichkeit gehören. Die Öffentlichkeit verfügt über die ganze Gegenwart und die ganze Vergangenheit. Ihr ist nur die Zukunft vorenthalten, genauer gesagt, der nichtvoraussehbare Teil davon, während alle prognostizierten Daten ebenfalls integrierender Bestand der jedermann zugänglichen Gegenwart sind.

Man könnte zunächst denken, diese Totalisierung der Information und des Wissens komme einer umfassenden Überwachung gleich. Diese Vermutung ist verfehlt. Denn die Vorstellung der Überwachung hat sich überholt. Auch sie ist in der isovalenten Gesellschaft kein Begriff. Es gibt ja gar keinen Grund zur Überwachung, denn diese ist im völlig demokratisierten Informationsparadies eine Selbstverständlichkeit. Überwachen ist längst zu einem Synonym von Sehen geworden. Wo es keine Geheimnisse gibt, gibt es nichts zu überwachen. Denn diese Tätigkeit ist an Geheimnis gebunden. Der isovalente Mensch und das isovalente Paradies aber sind bar jeden Geheimnisses. Sie sind auch frei von jeglicher paranoiden Angst, irgend etwas könnte aufgedeckt oder aufgeklärt werden.

Wissen ist somit auch keine große Herausforderung mehr. Denn in der Überflußgesellschaft, dem Endstadium der Informationsgesellschaft, kann jeder alles wissen. Informationen sind nur erstrebenswert, wenn sie an einen bestimmten Zweck gebunden sind. Das Verhältnis zur Information ist ein rein pragmatisches. Die Information als solche hat keinen überdauernden Wert. Man ist nicht neugierig danach, weil sie ohnehin greifbar ist. Man könnte ja, also muß man nicht. Recherchieren als professionelle Beschäftigung oder Leidenschaft figuriert im Vokabular der Berufswelt nicht. Viele Berufe und Institutionen sind daher ausgestorben: Sammler, Archivar, Lesesaal, Bibliothek, Fundgrube.

Lernen ist ebenfalls nur noch eine rudimentäre Tugend. Wenn das Wissen Allgemeingut ist, verschwindet seine besondere Bedeutung. An seine Stelle ist das Sich-Orientieren getreten. Der isovalente Mensch schaut nach. Es macht keinen Sinn, eine Fremdsprache mühsam zu erlernen, wenn der Taschencomputer alle Äußerungen syntaktisch und orthografisch einwandfrei sofort liefert.

Wo keine Geheimnisse sind, da gibt es auch keine Scham. Jedenfalls ist deren Bedeutung im sozialen Kontext relativiert. Wir haben gesehen, daß Schamgefühl an die Erfahrung von Schwäche und Versagen gebunden ist. Das Geheimhalten dient ja auch dem Verbergen von Schwächen und Ungenügen. Wo dies nicht mehr möglich, ja nicht einmal mehr als Möglichkeit bekannt ist, ist auch keine Schamerfahrung möglich. Auch Stolz, als Gefühlsindikator des Erfolgs, wird bedeutungslos, wenn das Zeigen den Status des Besonderen, des Herausragenden verliert. Und Schuldgefühle als Indikator der Überschreitung in fremdes Informationsterritorium sind bedeutungslos, wenn die Grenzen des Wissens aufgehoben sind.

Der isovalente Mensch ist arglos und gelassen. Er ist nicht besonders neugierig, denn er darf alles wissen. Er ist nicht mißtrauisch, denn ihm wird nichts vorenthalten. Er ist nicht geheimnistuerisch und nicht verschlossen, denn er kann nichts geheimhalten. Er muß keine Angst haben, gesehen und durchschaut zu werden, denn er ist es von vornherein. Er ist geheimnislos. Und er entbehrt daher auch der Aura. Er kann mit keinen Überraschungen aufwarten.

In diesem hier überzeichneten utopischen Raum, wo Information wie Honig fließt, wo keine Schlachten um Wissen geschlagen werden, kann es auch keine Verletzungen geben. Das Medienspiel mit Intimität und Offenheit, mit Scham und Schuld, mit Voyeurismus und Exhibitionismus, Macht und Ohnmacht, hat hier keinen Sinn. Es kann keine Spannung oder gar Dramatik erzeugt werden mit Schein und Show.

Der isovalente Mensch ist auch schweigsam. Denn keiner hat etwas zu sagen, was der andere nicht ebenfalls unverzüglich erfahren könnte. Klatsch und anonyme Briefe vermögen niemanden hinter dem Ofen hervorzulocken. Wozu auch? An Bedeutung gewinnt dafür um so mehr die originelle Idee. Der isovalente Zeitgenosse meldet sich nur mit einer *neuen* Idee zu Wort, die aufhorchen läßt. Nur Primeurs sind News.

Man weiß, daß wenn jemand anhebt, etwas zu sagen, dieser mit einem neuen Gedanken, mit einer neuen Information kommen wird. Es ist unter der Würde des isovalenten Menschen, etwas mitzuteilen, das im allen zugänglichen Informationspool gespeichert und abrufbar ist.

Diese idealtypische globale und isovalente Informationsgesellschaft ist heute noch eine Utopie. Es steht auch in den Sternen, ob sie jemals in dieser reinen Form Realität werden wird. Es ist sogar nicht einmal ausgeschlossen, daß gegen ihre Etablierung, gegen die fortschreitende Erosion von Privatheit und Diskretion, wieder Schranken errichtet werden. Vielleicht wird eine neue Reprivatisierung stattfinden. Das Pendel hin zu einer globalisierten und unifizierten Informationsgesellschaft könnte wieder zurückschlagen. Schranken gegen den ungehinderten Informationsfluß könnten wieder errichtet werden. Unabhängig von dieser möglichen restaurativen Gegenbewegung ist es aber eine Tatsache, daß gegenwärtig die Gesellschaft sich rasant auf dieses Ziel der isovalenten Nivellierung hinbewegt.

Medienopfer, die hier beschrieben wurden, sind denn auch nicht Erscheinungen der isovalenten Reinkultur, sondern eine Folge der eifrigen Bemühung, diese zu erreichen. Sie sind die Opfer des fanatischen Eifers, alle Schranken gegen die Neugier wegzuräumen, des heiligen Krieges der Wahrheits- und Authentizitätsapostel gegen alle Geheimnisse und gegen den privaten Raum schlechthin. Der Weg zur isovalenten Gesellschaft ist noch mit Medienstars und Medienopfern gepflastert, die am Ziel, im isovalenten Informationsparadies, keine Existenz mehr haben werden. Die Exzesse von Penetranz und Fanatismus, welche diese erzeugen, erinnern in mancher Hinsicht an die *Komödie der Eitelkeit* von Elias Canetti.[1]

In diesem Drama werden die Auswirkungen eines Gesetzes dargestellt, welches alle Requisiten der Eitelkeit, alle Spiegel und Fotos, Bilder und Gläser, verbietet und zerstört. Die Menschen haben ihr Konterfei verloren und können sich nicht in ihrem Aussehen erfahren. Sie entdecken aber Marktlücken, entwickeln Ersatzlösungen, um doch noch die verpönte Selbstbestätigung zu erlangen. Franzl Nada findet als professioneller Schmeichler, der gegen Bezahlung jeden mit Lob eindeckt, einen neuen Beruf. Hausierer vermieten kleine Spiegelscherben, welche den Menschen ein wenig Selbstgenuß verschaffen. Emilie Fant richtet ein Spiegelkabinett ein. Hier gerät Heinrich Föhn in einen so starken Enthusiasmus über sein Aussehen, daß er eine neue Lehre entwirft: die Wiedergeburt des Ich – einen Kult, der nun ins andere Extrem umschlägt, nämlich in die Ideologie vom Nur-Ich, das nun alles beherrscht. Das totalitäre System des Spiegel-Dogmas wird abgelöst durch das Dogma der Selbstbespiegelung.

Ein vergleichbarer Furor beherrscht heute weltweit den Medienbetrieb. Weggefegt wird indessen nicht die Eitelkeit, zerstört werden nicht die Spiegel und Fotos. Weggefegt wird die Intimität, zerstört die Privatheit. Die Requisiten der Intimität werden zur Liquidation freigegeben. Die Privatheit ist das Gehäuse der Intimität. Mit der Zerstörung der ersteren erliegt automatisch auch die letztere, ebenso wie ein Gefangener kein Gefangener mehr ist, wenn er nicht mehr von Mauern umschlossen ist.

Medienstars sind jene, die ihre wahre oder vermeintliche Intimität aus eigenem Antrieb an die Öffentlichkeit bringen,

Medienopfer jene, welche aus dem Keller der Privatheit an die Oberfläche der grell belichteten Öffentlichkeit gezerrt werden. Diese Komödie marktschreierischer Selbstentblößungen und pogromartiger Jagd auf die Intimität wird so lange dauern, bis diese durch die totale Informationstechnik allgegenwärtig und daher nirgends mehr sein wird. Sie ist eine Untergangskomödie.

Anmerkungen

1.
Die Fortschritte der Medientechnik und die Veränderungen der Informationswege

[1] Vgl. Virilio, P. (1989). Der negative Horizont. Bewegung/Geschwindigkeit/Beschleunigung. München: Hanser; sowie Virilio, P. (1992). Rasender Stillstand. München: Hanser.

[2] Groß, P. (1994). Die Multioptionsgesellschaft. Frankfurt: Suhrkamp. S. 11.

[3] Heine, H. (1843). Zit. nach Schivelbusch, W. (1989). Geschichte der Eisenbahnreise. Zur Industrialisierung von Raum und Zeit im 19. Jahrhundert. Frankfurt: Fischer. S. 38 f.

[4] Burger, H. (1984). Sprache der Massenmedien. Berlin: de Gruyter. S. 20.

[5] Ebd. S. 21.

[6] Großklaus, G. (1995). Medien-Zeit. Medien-Raum. Frankfurt: Suhrkamp. S. 37.

[7] Schuller, A. (2000). Von der Habgier zur Gefühlsgier. In: Merkur 7/54. S. 588.

2.
Der Wandel der Wahrnehmung

1 McLuhan, M. (1995, orig. 1964). Die magischen Kanäle. Dresden: Verlag der Kunst. S. 383.

2 Großklaus, G. (1995). Medien-Zeit. Medien-Raum. Frankfurt: Suhrkamp. S. 79.

3 Vgl. Meyrowitz, J. (1987). Die Fernsehgesellschaft. Wirklichkeit und Identität im Medienzeitalter. Weinheim/Basel: Beltz.

4 Großklaus, S. 130.

5 Vgl. Barthes, R. (1989, orig. 1980). Die helle Kammer. Frankfurt: Suhrkamp.

6 Vgl. Lipovetsky, G. (1995, orig. 1983). Narziß oder die Leere. Hamburg: Europäische Verlagsanstalt.

7 Vgl. McLuhan, M. (1968, orig. 1962). Die Gutenberg-Galaxis. Das Ende des Buchzeitalters. Düsseldorf: Econ.

8 Zit. nach Bertlein, R. (1994). New Edge – neuste Technik für alternde Hippies. In: NZZ, 27.5.1994.

3.
Das isovalente Zeitalter

1 Vgl. Bürger, P. (2000). Ursprung des postmodernen Denkens. Göttingen: Velbrück.

2 Vgl. Lyotard, J. (1986). Das postmoderne Wissen. Ein Bericht. Hg. von P. Engelmann. Graz/Wien: Böhlau.

3 Vgl. Virilio, P. (1992). Rasender Stillstand. München: Hanser.

4 Derrida, J. (1979). De l'économie restreinte à l'économie générale. Un hégélianisme sans réserve. In: Ders. L'Ecriture et la différence. Paris: Seuil. S. 369–407.

4.
Kennzeichen der isovalenten Postmoderne

1 Vgl. Beck, U. (1986). Risikogesellschaft. Auf dem Weg in eine andere Moderne. Frankfurt: Suhrkamp.
Beck, U. (1996). Das Zeitalter der Nebenfolgen und die Politisierung der Moderne. In: Ders., Giddens, A., Lash, L. Reflexive Modernisierung. Eine Kontroverse. Frankfurt: Suhrkamp. S. 19–112.

2 Vgl. Beck, (1986).

3 de Marinis, P. (2000). Überwachen und Ausschließen: Machtinterventionen in urbanen Räumen der Kontrollgesellschaft. Pfaffenweiler: Centaurus. S. 55.

4 Foucault, M. (1998). Überwachen und Strafen. Die Geburt des Gefängnisses, 12. Aufl. Frankfurt: Suhrkamp. S. 173 ff.

5 de Marinis, S. 48.

6 Schülein, J. (1983). Mikrosoziologie. Ein interaktionsanalytischer Zugang. Opladen: Westdeutscher Verlag. S. 122.

[7] Bachmair, B. (1996). Fernsehkultur. Subjektivität in einer Welt bewegter Bilder. Opladen: Westdeutscher Verlag. S. 238.

[8] Lipovetsky, G. (1995, orig. 1983). Narziß oder die Leere. Hamburg: Europäische Verlagsanstalt. S. 163.

[9] Ebd. S. 20.

[10] Ebd. S. 151.

[11] Ebd. S. 173.

[12] Ebd. S. 177.

[13] Eco, U. (2000). Derrick oder die Leidenschaft für das Mittelmaß. München: Hanser. S. 18.

[14] Franzetti, D. (1996). Die Sardinennacht. Baden-Baden/Zürich: Elster. S. 29.

[15] Schiller, F. (1801). Die Jungfrau von Orléans. Talbot, der im Sterben liegende Feldherr der Engländer, spricht diese Worte angesichts der Niederlage, die die Engländer durch das französische Heer unter der Führung der Jungfrau von Orléans erlitten haben.

[16] Enzensberger, H. (1991, orig. 1988). Mittelmaß und Wahn. Frankfurt: Suhrkamp. S. 83.

[17] Ebd. S. 67.

5.
Die Jagd nach Aufmerksamkeit und das Diktat der Medien

[1] Vgl. Bühler, C. (2000). Erfolg, der Leben kosten kann. In: Tages-Anzeiger, 11.10.2000.

[2] Beck, U. (1966, orig. 1986). Risikogesellschaft. Auf dem Weg in eine andere Moderne. Frankfurt: Suhrkamp. S. 321.

[3] Zit. nach ras. (2000). Fortschreitende Verwirrung. In: NZZ, 8.9.2000.

[4] Vgl. Zitmann, M. (2000). Spezialisten fürs Universelle. In: NZZ, 21.11.2000.

[5] Beck, S. 321.

[6] Stadler, R. (1986). Kidnapping als Live-Show. In: NZZ-Folio, 5.5.1996.

6.
Die Macht des Bildes

[1] Vgl. Virilio, P. (1992). Rasender Stillstand. München: Hanser.

[2] Knorr, W. (2000). Monster, Movie, Macht & Massen. Amerikanische Kultur: 200 Jahre Lust und Last. Zürich: Haffmans. S. 190.

7.
Die emotional-aktionistische Publizistik

[1] Saxer, U. (1974). Publizistik und Unterhaltung. In: Medienforschung. Berlin: Colloquium Verlag. S. 77.

[2] Teichert, W. (1979). Die Sehgewohnheiten der Zuschauer oder Was erwartet das Publikum von den Unterhaltungssendungen des Fernsehens? In: v. Rüden, P. (Hrsg.) (1979). München: Unterhaltungsmedium Fernsehen. S. 73–84.

[3] Luhmann, N. (2000). Die Politik der Gesellschaft. Frankfurt: Suhrkamp. S. 307.

[4] Vgl. Erdheim, M. (1984). Die gesellschaftliche Produktion von Unbewußtheit. Frankfurt: Suhrkamp.

[5] Zit. nach Ke. (1997). Die Vermarktung des Privaten. In: NZZ, 6./7.9.1997.

[6] Zit. nach Franzetti, D. (1996). Die Sardinennacht. Baden-Baden/ Zürich: Elster. S. 69.

[7] Ebd. S. 52.

8.
Die narzißtisch-orientierungslose Persönlichkeit im isovalenten Zeitalter

[1] Vgl. Knorr, W. (2000). Monster, Movies, Macht & Massen. Amerikanische Kultur: 200 Jahre Lust und Last. Zürich: Haffmans.

2 Glaser, H. (1979, orig. 1976). Sigmund Freuds Zwanzigstes Jahrhundert. Seelenbilder einer Epoche. Frankfurt: Fischer. S. 321.

3 Ebd. S. 320.

4 Honneth, A. (1995, orig. 1994). Desintegration. Bruchstücke einer Zeitdiagnose. Frankfurt: Fischer. S. 39.

5 Vgl. Beck, U. (1986). Risikogesellschaft. Auf dem Weg in eine andere Moderne. Frankfurt: Suhrkamp.

6 Vgl. Schulze, G. (2000, orig. 1992). Die Erlebnisgesellschaft. Kultursoziologie der Gegenwart. Frankfurt: Campus.

7 Vgl. Simmel, G. (1992, orig. 1908). Soziologie. Untersuchungen über die Formen der Vergesellschaftung. Frankfurt: Suhrkamp.

8 Sennett, R. (1999, orig. 1974). Verfall und Ende des öffentlichen Lebens. Die Tyrannei der Intimität. Frankfurt: Fischer. S. 22.

9 Vgl. Kernberg, O. (1978, orig. 1976). Borderline-Störungen und pathologischer Narzißmus. Frankfurt: Suhrkamp.

10 Vgl. Kohut, H. (1973, orig. 1971). Narzißmus. Eine Theorie psychoanalytischer Behandlungen narzißtischer Persönlichkeitsstörungen. Frankfurt: Suhrkamp.

11 Lasch, C. (1986, orig. 1979). Das Zeitalter des Narzißmus. München: dtv. S. 55 f.

12 Sennett, S. 21.

[13] Lipovetsky, G. (1995, orig. 1983). Narziß oder die Leere. Hamburg: Europäische Verlagsanstalt. S. 85.

9.
Der Wandel der Expressivität

[1] Honneth, A. (1995, orig. 1994). Desintegration. Bruchstücke einer Zeitdiagnose. Frankfurt: Fischer. S. 29.

[2] Ebd. S. 37.

[3] Lipovetsky, G. (1995, orig. 1983). Narziß oder die Leere. Hamburg: Europäische Verlagsanstalt. S. 71.

[4] Habermas, J. (1996, orig. 1985). Die neue Unübersichtlichkeit. Frankfurt: Suhrkamp. S. 141.

[5] Sennett, R. (1999, orig. 1974). Verfall und Ende des öffentlichen Lebens. Die Tyrannei der Intimität. Frankfurt: Fischer. S. 329.

10.
Öffentlichkeit und Privatsphäre

[1] Zit. nach Dürr, H. (1994). Nacktheit und Scham. Frankfurt: Suhrkamp. S. 165.

[2] Zit. nach Bergmann, J. (1987). Klatsch. Zur Sozialform der diskreten Indiskretion. Berlin/New York: de Gruyter. S. 137.

[3] Ebd. S. 73.

11.
Exhibitionismus und Voyeurismus

[1] Vgl. Huizinga, J. (1987, orig. 1938). Homo Ludens. Vom Ursprung der Kultur im Spiel. Hamburg: Rowohlt.

[2] Ebd. S. 22.

[3] Lasch, C. (1986, orig. 1979). Das Zeitalter des Narzißmus. München: dtv. S. 126.

[4] Vgl. Süskind, P. (1985). Das Parfum. Die Geschichte eines Mörders. Zürich: Diogenes.

[5] Vgl. Fenichel, O. (1975). Band II. Psychoanalytische Neurosenlehre. Olten: Walter.

[6] Ebd. S. 215

[7] Ebd. S. 216

[8] Eco, U. (2000): Derrick oder die Leidenschaft für das Mittelmaß. München: Hanser. S. 77.

[9] Ebd. S. 77

[10] Zit. nach Battegay, R. (1973). In: Müller, C. (Hrsg.) (1973). Lexikon der Psychiatrie. Berlin: Springer. S. 398.

12.
Scham und Stolz

[1] Jacobsohn, E. (1973, orig. 1964). Das Selbst und die Welt der Objekte. Frankfurt: Suhrkamp. S. 155.

[2] Vgl. Erikson, E. (1973, orig. 1966). Identität und Lebenszyklus. Frankfurt: Suhrkamp.

[3] Ebd. S. 76.

[4] Lichtenberg, D., Lachmann, F., Fosshage, J. (1996). Werte und moralische Haltungen. In: Psyche (1996) 50 Jg. S. 427.

[5] Jacobsohn, S. 158.

[6] Vgl. Wurmser, L. (1990). Die Maske der Scham. Die Psychoanalyse von Schamaffekten und Schamkonflikten. Berlin/Heidelberg: Springer.

[7] Linse, U. (1985), S. 245 ff. Zit. nach Dürr, H. (1990). Der Mythos vom Zivilisationsprozeß. Frankfurt: Suhrkamp. S. 259.

[8] Vgl. Dürr, H. (1990). Intimität. Der Mythos vom Zivilisationsprozeß. Frankfurt: Suhrkamp.

[9] Eco, U. (2000). Derrick oder die Leidenschaft für das Mittelmaß. München: Hanser. S. 73.

13.
Die massenpsychologische Verstärkung

[1] Vgl. Le Bon, G. (1938, orig. 1985). Psychologie der Massen. Stuttgart: Kröner.

[2] Freud, S. (1921). Massenpsychologie und Ich-Analyse. In: GW XIII. S. 71f.

[3] Vgl. Hofstätter, P. (1963). Einführung in die Sozialpsychologie. Stuttgart: Kröner.

[4] Vgl. Canetti, E. (1980, orig. 1960). Masse und Macht. Frankfurt: Fischer.

[5] Eco., U. (2000): Derrick oder die Leidenschaft für das Mittelmaß. München: Hanser. S. 111.

[6] Zit. nach Glaser, H. (1979, orig. 1976). Sigmund Freuds Zwanzigstes Jahrhundert. Frankfurt: Fischer. S. 284 u. 285.

[7] Ebd. S. 285.

[8] pgp. (2000). Kritik an Denunzierung von Pädophilen in England. In: NZZ, 26.7.2000.

[9] afp. (2000). Mangelnde Sprachkenntnisse des britischen Mobs. Pädiater und Pädophiler verwechselt. In: NZZ, 31.8.2000.

[10] vau. (2000). Keine Hexenjagd auf Pädophile in Belgien. In: NZZ, 11.8.2000.

[11] Canetti, E. (1980, orig. 1960). Masse und Macht. Frankfurt: Fischer. S. 49.

[12] Showalter, E. (1999, orig. 1997). Hystorien. Hysterische Epidemien im Zeitalter der Medien. Berlin: Aufbau. S. 38 u. 39.

[13] Freud, S. (1974, orig. 1921). Massenpsychologie und Ich-Analyse. In: Studienausgabe. Fragen der Gesellschaft. Bd. IX. Frankfurt: Fischer. S. 100.

[14] Vgl. Sloterdijk, P. (2000). Die Verachtung der Massen. Frankfurt: Suhrkamp.

[15] Ebd. S. 29.

[16] Ebd. S. 20.

14.
Die Auswirkungen der medialen Massensuggestion

[1] Zit. nach Gaschke, S. (2000). Fernsehen ist kein Kinderspiel. In: Die Zeit, 12.10.2000.

[2] Zit. nach Sonntags Zeitung, 12.11.2000. S. 109.

[3] Häfner, H., Schmidtke, A. (1991). Selbstmord durch Fernsehen: Die Wirkung der Massenmedien auf Selbstmordhandlungen. In: Häfner, H. (1991). Psychiatrie, ein Lesebuch für Fortgeschrittene. Stuttgart/New York: Gustav Fischer. S. 238–255.

[4] Deisenhammer, E.A. (1997). Eisenbahnsuizide und -suizidversuche in Österreich von 1990–1994. In: Nervenarzt (1997) 68. S. 67–73.

[5] Vgl. Showalter, E. (1999, orig. 1997). Hystorien. Hysterische Epidemien im Zeitalter der Medien. Berlin: Aufbau.

[6] Ebd. S. 23.

[7] Ebd. S. 14.

[8] Ebd. S. 31.

[9] Ebd. S. 173.

[10] Ebd. S. 172.

[11] Ebd. S. 174.

[12] Shorter, E. (1994). Moderne Leiden. Zur Geschichte der psychosomatischen Krankheiten. Reinbek. S. 12.

15.
Die Akteure in der medialen Arena: Sieger und Verlierer – Stars und Opfer

[1] Franzetti, D. (1996). Die Sardinennacht. Baden-Baden/Zürich: Elster. S. 9.

[2] Ebd. S. 11.

[3] Staub, I. (2000). Da schaut Amerika zu. In: Tages-Anzeiger, 3.10.2000.

[4] Vgl. Ottomeyer, K. (1992). Jörg Haider und sein Publikum. Klagenfurt.

[5]   Zit. nach Lüchinger, R. (2000). Der Leser als Kontrolleur. In: Tages-Anzeiger, 10.2.2000.

[6]   Vgl. Enzensberger, H. (1991, orig. 1988). Mittelmaß und Wahn. Frankfurt: Suhrkamp. S. 88.

[7]   Ebd. S. 74.

[8]   Holenstein, R. (1987). Der Tod des Bundespräsidenten. In: Die Weltwoche, 8.1.1987.

16.
Spaß und Ernst: Der 11. September 2001

[1]   Goethe, J. W. v. Faust, 1. Teil, V. 862. Stuttgart.

[2]   Vgl. Zopfi, E. (2001). Der Kleinkrieg gegen Viren, Würmer und Trojanische Pferde. In: NZZ, 9.11.2001.

[3]   Vgl. Staub, I. (2001). Leiden an einer Überdosis ›Reality‹? In: Tages-Anzeiger, 8.11.2001.

[4]   Ebd.

[5]   Vgl. Piotrowski, C. (2001). Patriotismus statt Zynismus. In: NZZ, 5.10.2001.

[6]   Vgl. Lienhard, T. (2001). Der Teufel im Bild. In: Tages-Anzeiger, 27.9.2001.

[7]   Vgl. Staub, I. (2001). Die verunsicherten Staaten. In: Tages-Anzeiger, 2.11.2001.

[8] Vgl. Köhler, A. (2001). The town is quiet. In: NZZ, 7.11.2001.

[9] Ebd.

[10] Zit. nach Mithaelis, N. (2001). Steht jetzt das Ende der Spaßgesellschaft bevor? In: Tages-Anzeiger, 30.10.2001.

[11] Ebd.

[12] Freud S. (1974, orig. 1924). Das Unbehagen in der Kultur. In:
Studienausgabe. Fragen der Gesellschaft. Bd. IX. Frankfurt:
Fischer. S 208.

[13] Weimar, 1810–1812.

17.
Die verlorene Ehre der koreanischen Mutter

[1] Bei allen Fallbeispielen aus der beruflichen Tätigkeit des Autors
werden keine Quellenangaben gemacht. Namen von Personen
und Orten sind abgeändert.

[2] Weitbrecht, H. (1954). Endogene Psychose und Lebensgeschichte. In: Nervenarzt 25. S. 465–466.

[3] Winkler, W. (1958). Formen existentieller Depressionen und ihre
psychotherapeutische Behandlung. In: Regensb. Jb. Ärztl. Forb.
6, 236–242.

18.
Ein Chefbeamter wird zum Mörder

[1]   Bei allen Fallbeispielen aus der beruflichen Tätigkeit des Autors
      werden keine Quellen angegeben. Personen- und Ortsnamen
      sind abgeändert. Übersetzung aus dem Französischen ins Deut-
      sche durch den Autor.

19.
Der Schüler, der Friseur, die Pianistin, der Medienstar

[1]   S. Anm. 1 in den Kapiteln 17 und 18.

[2]   Gmür, M. (1999). Das Medienopfersyndrom (MOS). In: Schwei-
      zerische Ärztezeitung (1999) 80:44. S. 2604–2606.

[3]   Gmür, M. (2001). Das Medienopfersyndrom. In: Schweizer Mo-
      natshefte. Juni.

[4]   Zu diesem und dem folgenden Fallbeispiel vgl. Gmür, M. (2001).
      Das Medienopfersyndrom. Vortrag bei den 19. Psychiatrietagen
      Königslutter am 22.11.2001.

20.
Die Verwundbarkeit der Seele –
Traumatisierung

[1]   Zit. nach: Studer, R. (1991). Foltertrauma: Folgen und Folgerun-
      gen. Vortrag an der Universität Zürich im Rahmen einer Vor-
      tragsreihe über Viktimologie.

[2] Ebd.

[3] Gschwend, G. (1999). Diagnostische Kriterien der posttraumatischen Belastungsstörung (PTBS) und Konsequenzen für die therapeutische Praxis. In: Psychotherapie Forum (1999) 7: 53–59.

[4] Ebd.

[5] Andreasen, N. (1985). Posttraumatic stress disorder. In: Kaplan HI, Sadock BJ (Hrsg.). Textbook of psychiatry IV, Band I, 4. Aufl. Baltimore: Williams & Wilkins. S. 918–924.

[6] Vgl. Harrison, T. (1980). Principles of internal medicine, 9. Aufl. Auckland: Mc Graw Hill.

[7] Vgl. Oppenheim, H. (1899). Die traumatischen Neurosen: nach den in der Nervenklinik der Charité in den letzten fünf Jahren gesammelten Beobachtungen. Berlin: Hirschwald.

[8] Vgl. Freud, S. (1921). Jenseits des Lustprinzips, 2. Aufl. Leipzig/Wien/Zürich: Internationaler Psychoanalytischer Verlag.

[9] Ebd.

[10] Dressing, H. und Berger, M. (1991). Posttraumatische Stresserkrankungen. In: Nervenarzt (1991) 62: 16–26.

[11] Peters, U. (1991). Über das Stasi-Verfolgten-Syndrom. In: Fortschr. Neurol. Psychiat. (1991) 59: 251–265.

[12] Rößler, K. (1997). Gewalt gegen Männer, die Sex mit Männern haben. In: Sozialarbeit (1997) 17: 18-21.

[13] Ebd. S. 19.

[14] Ebd.

[15] Ebd. S. 21.

[16] Prof. Dr. jur. Rudolf Gmür, geb. 28. 7. 1913, emerit. Professor für Rechtsgeschichte an der Universität Münster, Westfalen.

[17] Ploeger, A., Schmitz, R. (1980). Tiefenpsychologisch fundierte Psychodramatherapie bei den Geiseln der in Mogadischu befreiten Lufthansamaschine »Landshut«. In: Gruppenpsychother. Gruppendynamik (1980) 15. S. 353–361.

22.
Die total isovalente Gesellschaft – Entwurf einer Utopie

[1] Canetti, E. Die Komödie der Eitelkeit. Stuttgart: Reclam. (Uraufführung am 6. 2. 1965)

Psychologie – Analyse – Therapie

Sucht, Abhängigkeit und Befreiung

Das Nachschlagewerk der Psychologie!

Werner D. Fröhlich
Wörterbuch Psychologie
<u>dtv</u> 32514

Die heutige Psychologie mit ihren eigenständigen, naturwissenschaftlich geprägten Methoden entwickelte von ihren Anfängen bis heute eine differenzierte Fachsprache. Gegenwärtig orientiert sich die Psychologie sowohl in der Grundlagenforschung als auch in ihren anderen vielfältigen Anwendungsfeldern fachübergreifend. Aus diesem Grund finden sich in den rund 3500 Stichwörtern des Nachschlagewerks die wichtigsten Begriffe der »klassischen« Psychologie sowie die Grundbegriffe aus biologisch-medizinischen und sozialwissenschaftlichen Nachbargebieten.

Das ›Wörterbuch Psychologie‹ ist 1968 erstmals erschienen. 1997 wurden die klinisch relevanten Stichwörter an das weltweit angewendete Klassifikationssystem DSM-IV angepaßt. In der 23. Auflage 2000 wurde das Nachschlagewerk grundlegend überarbeitet und durch neue Begriffe erweitert. Das Vorwort gibt eine Einführung in geschichtliche Entwicklung, Gegenstandsbereiche und Studienaufbau der Psychologie, der Anhang bietet ein Verzeichnis englischsprachiger Stichwörter mit Verweisen auf die entsprechenden deutschen Begriffe. Mit ausführlicher Bibliographie.

Erich Fromm im dtv

»Nicht als ob man meinte, die Liebe sei nicht so wichtig.
Die Menschen hungern geradezu danach; sie sehen sich
unzählige Filme an, die von glücklichen oder unglück-
lichen Liebesgeschichten handeln, sie hören sich
Hunderte von kitschigen Liebesliedern an – aber
kaum einer nimmt an, daß man etwas tun muß,
wenn man es lernen will zu lieben.«
Erich Fromm

Die Seele des Menschen
dtv 35005

**Das Christusdogma und
andere Essays**
Die wichtigsten religions-
kritischen Schriften
dtv 35007

**Die Furcht vor der
Freiheit**
dtv 35024

**Es geht um den
Menschen**
Tatsachen und Fiktionen
in der Politik
dtv 35057

Sigmund Freud
Seine Persönlichkeit und
seine Wirkung
dtv 35096

Die Kunst des Liebens
dtv 36102

Haben oder Sein
Die seelischen Grundlagen
einer neuen Gesellschaft
dtv 36103

**Erich Fromm Gesamt-
ausgabe in zwölf Bänden**
Herausgegeben von
Rainer Funk
dtv 59043